미래의 부자인 _____ 님을 위해

이 책을 드립니다.

가상화폐
기본도 모르고
할 뻔했다

실물 생산경제 토큰 이코노미

가상화폐
기본도 모르고
할 뻔했다

초판 1쇄 발행 | 2021년 9월 3일
초판 2쇄 발행 | 2021년 9월 10일

지은이 | 박문식·전용운·송재성·김진윤
펴낸이 | 박영욱
펴낸곳 | (주)북오션

편   집 | 권기우
마케팅 | 최석진
디자인 | 서정희 · 민영선 · 임진형
SNS마케팅 | 박현빈 · 박가빈

주   소 | 서울시 마포구 월드컵로 14길 62
이메일 | bookocean@naver.com
네이버포스트 | post.naver.com/bookocean
전   화 | 편집문의: 02-325-9172   영업문의: 02-322-6709
팩   스 | 02-3143-3964

주   소 | 서울시 마포구 월드컵로 14길 62
이메일 | bookocean@naver.com
네이버포스트 | post.naver.com/bookocean
페이스북 | facebook.com/bookocean.book
인스타그램 | instagram.com/bookocean777
전   화 | 편집문의: 02-325-9172   영업문의: 02-322-6709
팩   스 | 02-3143-3964

출판신고번호 | 제2007-000197호

ISBN 978-89-6799-605-5 (03320)

실물 생산경제 토큰 이코노미

가상화폐

박문식·전용운·송재성·김진윤 지음

기본도 모르고
할 뻔했다

가상화폐
투자자들이
가장 궁금해하는
66가지 질문

북오션

아는 것이 힘이 아니라 정보를 이해하는 것이 힘입니다.

아직 상식이 되기 전에 세상의 변화를 가져올 큰 의미가 담긴 것을 정보라고 할 수 있을 것입니다. 비트코인은 처음에는 정보였지만 지금은 상식입니다. 지금 현재 비트코인을 다루어서 우리 같은 서민들이 돈을 벌 수 있을까요? 깊이 생각해 보아야 할 주제입니다. 하지만 2009년 피자 2판에 10,000BTC(비트코인 단위)에 거래되던 때 비트코인은 분명히 정보였습니다.

제대로 잘 아는 만큼 눈에 보이고 제대로 잘 아는 만큼 세상에 속지 않게 됩니다. 가상화폐에 관심을 가지고 자기의 이상을 실현해 보고자 하는 가상화폐 초보 독자 분들은 이 책을 통해 기초부터 차근차근 다지고 다음으로 다음 단계로 넘어가는 인내심이 필요합니다.

기초가 부실한 지식을 기반으로 남들이 돈 번다는 소리에 가상화폐 세계에 뛰어들었다가 낭패를 본 사람들을 필자는 여러 사람 보았습니다.

필자가 2017년 11월에 《150만원으로 10억 벌었다》와 2018년 1월에 《가상화폐 100문 100답》을 출간하고 이제 시간이 벌써 상당히 흘렀습니다. 요즘 관점에서 보면 당시 제 졸저에서 얘기했던 여러 가지 중에 상당 부분의 내용을 보완해야 할 정도로 가상화폐 세계가 발전하고 있는 것 같습니다. 가상화폐는 그리고 앞으로 더욱 빠른 속도로 발전해서 우리의 일상으로 금방 들어올 태세입니다.

독자 분들은 용어에 너무 얽매일 필요가 없습니다. 매스컴에 오르내리는 근거 없이 난무하는 지극히 개인적인 주장에 지나친 신경을 쓰지 말고 정상적인 과정을 통해 올바른 공부부터 먼저 하는 것이 중요합니다.

지금은 2017년에 비해 엄청난 많은 변화가 있었습니다. 우리가 그것을 가상화폐라고 부르든, 암호화폐, 가상자산 혹은 디지털화폐라고 부르든 상관없이 구체적으로 무엇을 의미하는지만 정확하게 이해하면 됩니다. 용어는 시간이 지남에 따라 차츰 정리될 것이라고 생각합니다.

이제는 가상화폐를 화폐의 일반론적 관점에서 별도로 분류하여 보는 것을 벗어나야 되지 않을까 합니다. 우리가 지금까지 잠재의식 속에 가지고 있던 화폐가 가상화폐로 변화, 발전되어 가는 본격적인 변화의 소용돌이 속에 있습니다.

주식투자와 마찬가지로 건전한 금융투자 상품으로 가상화폐를 보아야 합니다. 미국, 캐나다, EU 등 선진국들은 가상화폐의 선물거래나 지수투자 상품을 선보이고 있으며 성과 또한 대단히 좋게 나타나고 있습니다.

한국은 어떠한가요? 조금만 요란해지면 정부 고위 관계자들이 나서서 엄포도 놓고 심지어 협박까지 합니다. 무엇이 그리 두려운지 모르겠습니다. 테슬라 CEO 일론 머스크는 위성시험 발사가 몇 번 실패해도 의미 있는 데이터를 얻었다고 하며 조용히 또 다음을 준비합니다. 무엇인가 새로운 것을 하려면 실패를 해야 하는 것은 당연한 법입니다. 실패가 두려우면 무엇을 안 하겠다는 생각과 다를 바 없습니다.

세종대왕께서 훈민정음을 반포하실 때 최만리 같은 대학자들이 훈민정음의 반포는 조선의 백성들에게 절대 도움이 안 된다고 하면서 화려한 문장의 상소문을 올렸습니다. 그때 세종대왕께서는 근본이치를 모르는 선비들이라고 나무라면서 훈민정음을 반포하셨습니다. 만약 그때 선비들의 말을 따라서 훈민정음을 반포하지 않았다면 지금 우리는 어떻게 되었을까 생각만 해도 눈앞이 아찔합니다.

이제는 때가 무르익었습니다. 가상화폐 관련 산업은 전통 금융을 급속히 대체해 가고 있습니다. 그래서 좀 더 세심한 주의를 기울여 가상화폐 입문자분들에게 길잡이가 될 책이 필요하다고 생각하던 중, 가상화폐 관련 서적을 다수 펴낸 북오션 출판사의 박영욱 대표님께서 출간을 제안하셨고, 실물경제 토큰 이코노미 분야의 전문가인 코빈그룹㈜ 전용운 대표이사님과 송재성 부대표님 그리고 ㈜코밋 김진윤 교육사업단 단장님과 의기투합하여 공동 집필을 하게 되었습니다.

이 책은 2008년 비트코인 백서 출현부터 2021년 4월 비트코인이 8,000만 원에 육박한 시점까지 오는 과정에서 지금 막 가상화폐에 입문하려는 초보 투자자 분들을 위해, 그리고 이미 투자는 했는데 기초가 부족한 분들이 항상 물어보는 내용들을 중심으로 엮었습니다. 그리고 최신 트랜드를 주도하는 코인은 무엇이고 우리 산업 전체는 어떻게 토큰(코인) 이코노미로 옮겨가게 되는지 쉽게 이해될 수 있도록 구체적인 사례도 실었습니다.

가상화폐에 대해 왕초보라고 해도 전혀 걱정할 필요가 없습니다. 이 책을 천천히 읽어가다 보면 자기도 모르게 가상화폐의 전문지식을 습득한 자신을 발견할 것입니다. 용기를 잃지 마시고 끝까지 읽기를 권합니다.

이 모든 내용들이 우리 독자 분들께 큰 도움이 될 것이라고 확신합니다. 2017년에 이어 2021년 가상화폐의 제2의 중흥기를 맞고 있습니다. 우리 독자 분들은 치열하게 기초를 잘 다지고, 앞으로 다가오는 세상에서 각자 인생의 주인으로 살아갈 수 있는 기회를 포착하시길 희망합니다.

박문식

인류는 지혜로운 존재인가, 어리석은 존재인가. 인류는 지구의 지배자인가, 잠시 나타났다 사라지는 하나의 종에 불과한 것인가. 섣불리 답할 수 없지만, 적어도 지금의 추세대로라면 후자에 가까워지는 분위기다.

친환경은 전 지구적 생존의 키워드가 되었다. 대공황에 준하는 경제위기를 몰고 온 코로나19의 근본 원인은 기후변화다. 인간의 편리함과 탐욕의 끝없는 추구가 기후위기를 불러왔다. "코로나 팬데믹을 부른 것이 이기적 생존경제라면 이제 인류는 이타적 생명경제로 나아가야 한다"는 프랑스 경제학자 자크 아탈리의 말을 귀담아 들어야 할 시기가 되었다.

IPCC(기후변화에 관한 정부 간 협의체) 발표에 따르면 우리나라는 지구온난화에 따른 해수면 상승으로 김포공항, 인천공항은 물론 부산 일대를 비롯해 국토의 6%가 침수된다는 전망을 내놓았다. 환경에 대한 경각심은 이제 일상적으로 이루어져야만 하는 시점에 이르렀음에도, 사람들은 여전히 서서히 데워지는 냄비 속 개구리처럼 별다른 긴박감이 없다.

유례없는 기업부채와 가계부채는 GDP 대비 100%를 넘어선 지 이미 오래다. 돈을 시장에 뿌리는 양적완화와 재정정책은 오히려 자산거품을 일으키며 경제위기를 부풀리고 있다. 경제위기는 필연적으로 양극화를 낳으며 사회 불균형에 따른 갈등을 초래한다. 빈곤층이 늘어나고 가처분소득이 줄어들면 소비와 일자리 감소로 인해 경제가 아래로부터 붕괴되기 시작한다.

사람들은 기후변화를 늦추기 위해 불편함을 감수하고 싶어하지 않으며, 탐욕을 제어하지 못하는 습관과 본능 때문에 경제 또한 뚜렷한 해법이 보이지 않는 형국이다. 한편 신분상승과 돈에 대한 인간의 욕구는 디지털 자산 시장을 붐업시킬 가능성이 매우 높다.

디지털 자산 시장은 자본과 자산을 빠르게 유동화시키며 인류의 문명을 한 단계 끌어올리는 역할을 하게 될 것으로 보인다. 가장 핫한 신종직업으로 떠오르게 될 '디지털 자산 설계사(Digital Asset Architect)'는 시대 변화의 중심에 서서, 환경산업과 자본의 새로운 이정표 역할을 수행해야만 한다.

환경산업과 디지털 자산의 결합은 생존과 탐욕의 자극이라는 측면에서 인류에게 즉각적인 관심을 유발하며 기후위기와 부의 이동에 대한 관심을 좀 더 앞당길 수 있을 것이다. 이 책은 그러한 측면에서 참으로 적절한 시기에 집필되었으며, 지구환경 보호와 디지털 자산 자본가로서의 새로운 기회에 대한 인식의 변화를 독자들로부터 불러일으키기에 충분하다고 본다.

아름답고 푸르며, 작고 외로운 지구라는 행성에서 같은 시대를 살아가는 모든 사람들에게 행운이 함께하기를 빈다.

2021년 7월 12일 새벽을 열며

전용운

contents

제1장

가상화폐 시대에
들어섰다

제4장

가상화폐
채굴하기

제5장

화폐와 투자자산의
갈림길에 선 가상화폐의 미래

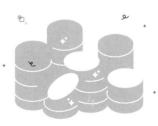

제 1 장

가상화폐 시대에
들어섰다

왜 주식이 아니라
코인에 투자해야 할까요?

우리가 투자라고 하면 흔히 현재 나의 자산을 이용하여 어떤 목적활동에 나의 자산을 제공하고 이익을 얻는 것을 생각하기 쉽습니다. 투자의 행위와 투자의 목적을 분명하게 구분해서 투자하고 이익을 얻는 것에는 반드시 리스크와 시간이 요구된다고 하는 것을 명심해야 합니다.

일단 이익을 얻는 행위는 다양할 수 있으나, 시대 변화의 흐름에 맞아야 한다는 점이 가장 중요합니다. 여기서는 금융투자인 주식과 가상화폐 두 가지만 비교해 봅니다.

먼저 주식 투자는 시세차익을 목적으로 주식회사의 증권을 사고 파는 투자 활동을 의미합니다. 선물 및 옵션과 같은 파생상품에 투자하는 것은 주식투자라 부르지 않으며 현물 투자만을 주식투자로 일컫습니다. 그 대상은 비상장주식이 될 수도 있으나, 코스피 및 코스닥 등의 주식시장에서는 상장주식만이 매매가 가능하므로 일반적으로 상장주식의 매매를 일컫는 경우가 대부분입니다.

증권거래소에 가서 여러 가지 정보들을 바탕으로 주식을 단기 매매하여 수익을 목적으로 하는 행위를 과연 투자라고 할 수 있을 것인가 하는 문제에 우리는 직면합니다. 이것은 투자라기보다는 주식 전문가들의 어떤 목적된 행위를 말한다고 할 수 있습니다.

일반인들이 주식에 투자한다면 먼저 증권거래소에 상장된 주식 중 어떤 회사 사업이 미래의 발전성이 있는지 평가하여 현재 주식이 저평가되었으면 매수했다가 그 사업이 목표한 것에 이르렀을 때 그 가치가 주가에 반영된 다음 매도하여 이익을 실현하는 것을 먼저 생각할 수 있습니다.

이미 기성 사업체의 치열한 경쟁상황에서 미래를 점친다는 것은 요즘같이 빠르게 변하는 세상에서는 너무나 어려운 일입니다. 전문가들의 예측은 십중팔구 빗나가고 있습니다. 이러니 증권거래소에 상장된 주식에 투자하여 투자수익을 실현하는 것은 쉽지 않습니다.

그러면 상장되기 전 미래 비전이 있는 회사의 주식을 매수했다가 회사가 성장하여 상장된 다음에 매도해 투자수익을 실현하는 것이 가장 바람직한 주식투자일 것입니다. 예를 들어 카카오가 무료문자를 제공하면서 출범할 당시 그것의 미래를 잘 예측하고 공부하여 투자를 했다면 그것이 바로 진정한 일반적 투자에 해당될 것입니다.

그러나 기업은 사업 개시할 때 일반인들에게 주식을 공개적으로 매도하는 행위를 하지 않습니다. 발기인 몇 명만 참여하여 주식을 발행하여 분배합니다. 미래 유망한 주식을 미리 대외적으로 공개 매도할 필요가 없습니다. 사업이 잘되어 성과가 대외적으로 공표된 다음에 주식을 상장하면 높은 가격에 매도할 수 있기 때문입니다.

가상화폐는 주식과 이 지점이 근본적으로 다릅니다. 가상화폐는 화폐로서 기능이 있기 때문에 처음부터 많은 사람들이 나누어 가지고 있어야 가치가 빨리 올라갈 수 있습니다. 관련 사업이 성공적이라면 더욱 빨리 가격이 올라갈 것입니다.

어떤 회사가 자신의 사업과 관련된 가상화폐를 발행하면 상장 전에 블랙세일이라고 하여 저가에 공개적으로 채굴을 하거나 ICO(initial coin of-fering)을 반드시 하게 됩니다. 그것이 그 회사에는 유리하게 작용하기 때문입니다. 가상화폐는 혼자 많이 가지고 있어 봐야 가격이 올라가지 않기 때문입니다. 여러 사람들이 필요에 따라서 가상화폐를 이용하여 사업과 관련된 행위를 많이 하면 가상화폐에 대한 수요가 있어서 가격이 상승합니다.

지금은 블록체인을 바탕으로 한 4차 산업혁명이 우리 사회를 관통하고 있는 중입니다. 4차 산업혁명은 여러 업종에서 토큰(코인) 이코노미 경제 생태계를 만들어낼 것입니다. 그 생태계 내에서 기축통화로 사용되는 가상화폐가 다양하게 발행될 것입니다.

비트코인은 초창기 공개적으로 채굴 소스를 공표했습니다. 누구나 적은 투자금으로 거기에 접근할 수 있었습니다. 이더리움도 초기에 ICO를 공개적으로 하여 투자를 받았고 채굴 소스도 대외적으로 공개했습니다.

이처럼 가상화폐는 초기에 누구에게나 정보가 민주적으로 공개됩니다. 이것이 가상화폐의 큰 특징입니다. 제한된 몇몇 사람들에게만 정보가 독점되지 않습니다.

더욱 중요한 것은 가상화폐는 아직까지 일반인들에게 상식적이지 않아서 경쟁률이 높지 않다는 것입니다. 주식 같은 경우 상장을 위한 기업공개(IPO)의 경우 치열한 경쟁률로 인해 본인 앞으로 배정되는 주식을 받는 것이 하늘의 별따기입니다. 그것은 이미 상식이 되어 있는 상황이기 때문입니다. 하지만 코인의 공개 세일은 수량도 많고 또한 아직도 시장이 초기 상태이기 때문에 코인을 저평가된 상태에서 취득하는 것이 훨씬 더 용이합니다.

가상화폐는 시대의 변화 정방향에 있는 투자 대상입니다. 특히 정보 습득이 빠른 젊은 세대에게 좀 더 유리한 시장일 수가 있습니다. 하지만 나이가 있는 분들에게도 그리 어려운 시장은 또 아닙니다.

기회는 누구에게나 공평하게 열려 있습니다.

최초의 가상화폐는 무엇이며
누가 어떻게 왜 만들었나요?

가상화폐라는 용어로 통칭하며 우리 사회가 인정한 최초의 화폐는 2009년 1월에 발행된 비트코인(Bitcoin)입니다. 2008년 8월 18일 사토시 나카모토라는 이름으로 bitcoin.org라는 도메인을 인터넷에 등록하였습니다. 그리고 10월 31일 "비트코인 P2P 전자화폐문서(Bitcoin P2P e-cash paper)"라는 제목으로 8페이지의 짤막한 논문이 실렸습니다. 이것이 바로 지금 블록체인의 혁명과 가상화폐의 세상으로 이끈 비트코인입니다. 비트코인을 시작으로 대시코인, 라이트코인, 이더리움, 리플코인 등이 연이어 출시되었고, 지금은 다양한 유틸리티 실물경제 코인까지 나오게 되었습니다.

사토시 나카모토(Satoshi Nakamoto, satoshin@gmx.com)라는 일본식 이름도 실제로는 없는 가명이라고 합니다. 2021년 5월 5000만원을 넘나드는 이 가상화폐의 개발자가 누군지도 모르지만 합법적인 가상자산의 지위까지 부여받았습니다. 참 아이러니라 아니할 수 없습니다. 그러나 인류의 화폐 역사에서 혁명적인 전기를 마련한 사토시 나카모토라는 이름은 실명이 아니라도 아무 상관없습니다. 이 기념비적인 가상화폐의 개념을 현실로 내려오게 만들어준 실존 인물이 그 어딘가에 반드시 있기 때문입니다.

노벨상 경제학 후보로 거론되는 존 내시 프린스턴대 교수가 사토시 나카모토라는 주장을 하는 사람들도 상당수 있었습니다. 존 내시 교수가 계속해서 주장해왔던 '이상적인 돈'이란 개념을 자주 주장하여 왔기 때문입니다. 존 내시 교수는 어느 한 연설에서 "기본적으로 이 이상적인 돈은 반드시 가치가 안정되어 있어야 한다. 즉, 인플레이션이 없어야 한다. 또한 정치적 요소와 같은 중앙통제가 없어야 하며(탈중앙화), 실체가 없는 디지털 화폐로 국경의 제약을 받지 않고 자유롭게 국제화폐로 쓰일 수 있어야 한다"라고 말했습니다.

'좋은 돈'이란 시간이 흘러도 동일한 가치를 지니는 돈이며, '나쁜 돈'이란 시간이 지나면 인플레이션 등에 의하여 가치를 잃게 되는 돈입니다.

UCLA의 초드리(Chowdhry)라는 교수가 2016년 사토시 나카모토를 노벨 경제학상 후보로 추천하여 수상후보에 지명된 적이 있습니다. 이 교수는 "비트코인이라는 전자통화의 발명은 가히 혁명적이라 할 수 있다"라고 하면서 다음과 같이 진지하게 의견을 피력했습니다.

"사토시 나카모토의 업적은 돈에 대한 사고방식 자체를 바꾸고, 중앙은행이 금융정책에서 수행하는 역할에 큰 영향을 줄 수 있으며, 웨스턴 유니언(Western Union)과 같은 고가의 이체 서비스를 무너뜨리고, 비자, 마스터카드, 페이팔과 같은 중간업체가 부과하는 2~4%의 수수료를 없애고, 시간과 비용을 잡아먹는 결제 대금 예치 및 공증을 없애고 아울러 법률계약의 지평을 뒤바꿀 수 있다."

2016년 5월 2일 세상을 떠들썩하게 하는 사건이 하나 발생했습니다. 자신이 바로 사토시 나카모토라고 주장하는 호주 기업인이 나타난 것이었습니다. 실제 인물이 누구인지 궁금해하던 사람들의 이목을 집중시키기에 충분한 사건이었는데, 지금은 큰 의미가 없어진 일입니다. 그가 사토시 나카모토이든 아니든 비트코인은 변함이 없기 때문입니다. 블록체인의 특성이 바로 그것입니다.

2009년 1월에 bitcoin.org에 보낸 사토시 나카모토의 메일에 이렇게 쓰여 있었습니다.

"저는 제3자의 신용보증인이 필요 없는 완전한 P2P 전자 화폐 시스템 개발을 해왔습니다. 비트코인은 새로운 전자 화폐 시스템이며 P2P 네트워크를 사용함으로써 이중지불 문제를 해결했습니다. 중앙 서버도, 중앙집권화된 권력이 없는 완벽히 탈중앙화된 시스템입니다."

사토시 나카모토의 메일 내용을 근거로 추론해 보면 현재의 중앙집중식 금융시스템은 제3자 신용기관이 중간에 있어서 많은 문제를 야기하고 있으며, 중앙은행에서 발행하는 지폐는 인플레이션을 바탕으로 만들어진 화폐 시스템이라 애써 번 돈의 가치가 시간이 지나면서 저절로 하락하는 문제를 가지고 있다는 것입니다. 그것을 해결하기 위해 나온 것이 바로 비트코인이라고 주장합니다.

어쨌든 비트코인으로 인해 지폐가 지구상에서 사라질 날이 얼마 남지 않은 것은 사실인 것 같습니다.

일반화폐와 가상화폐는
무엇이 다른가요?

우선 모양부터 다릅니다. 우리가 흔히 화폐라고 말하는 것은 법정화폐, 즉 지폐를 말하고 있습니다. 국가별로 중앙은행이 인쇄하여 시중에 공급하는 일종의 채무증서가 일반 화폐입니다. 채무증서이다 보니 이자가 발생하여 지폐의 발행량이 시간이 지남에 따라 늘어날 수밖에 없습니다. 이자를 중앙은행에 갚으려면 이자만큼 화폐량이 필요하기 때문에 인플레이션 속성이 화폐 시스템 내에 잠재하는 것입니다.

가상화폐는 손으로 만질 수 없고 눈으로 볼 수도 없습니다. 초보자들은 처음 가상화폐를 접할 때 이런 점을 가장 이해하기 어려워할 것입니다.

먼저 육안으로 보이는 부분만을 가지고 일반화폐와 가상화폐의 차이를 살펴보겠습니다. 사실 육안으로 보이는 것은 깊은 본질적 의미를 표현하기 힘듭니다. 눈에 의해 우리는 많은 속임을 당함에도 불구하고 아직도 눈에 보이는 것을 믿으려 하는 경향이 많습니다. 원래 큰 진리는 눈에 보이지 않는 법입니다. 우리 독자들은 이 말을 항상 가슴속에 깊이 간직하고 살아갔으면 합니다. 눈에 보이던 우체국이 사라지고 인터넷이 그 자리를 차지하고 있습니다. 처음에는 눈에 보이지 않는 방법으로 편지를 주고받는다고 했을 때 모두들 믿지 않았습니다.

일반화폐와 가상화폐와 뭐가 다를까

첫째, 국가 기관이 발행하지 않습니다.

가상화폐는 개인이나 회사가 임의적으로 발행합니다. 하지만 발행인 자체도 그 가치를 보증하지 않습니다. 어느 누구 하나 책임지는 사람이 없습니다. 지폐의 안전성은 국가의 법으로 규정하고 있습니다. 위조범을 엄격하게 법에 의해 처벌받게 법으로 보호하고 있습니다.

둘째, 가상화폐의 종류가 수천 가지입니다.

현재까지 수천 가지가 넘고 앞으로도 계속 개발된다고 하는 뉴스를 자주 볼 수 있습니다. 물론 그것의 유용성을 논하기 이전의 일입니다. 종류만 열거하자면 그렇다는 얘기입니다. 화폐 같은 화폐가 아니라 하더라도 블록체인의 기반기술로 하여 개발된 가상화폐라는 이름으로 세상에 태어난 것을 말합니다. 당연히 그중에는 화폐적 가치가 전혀 없는 코인들이 상당수입니다. 진정으로 가상화폐의 기능을 수행하는 것은 불과 몇 개가 안된다는 의견도 상당히 많습니다. 이 점을 우리 독자들은 잘 알아야 합니다. 그래서 필자는 요즘에 이런 가상화폐를 그냥 "코인"이라고 불러야 한다고 생각합니다. 화폐의 기능을 수행하지 못하는 코인을 가상화폐라고 부르는 순간 우리는 잘못된 생각으로 빠져들기 쉽기 때문입니다.

셋째, 돈의 보관을 기존의 은행에 의존하지 않습니다

전자지갑이라는 곳에 가상화폐를 보관합니다. 전자지갑도 마찬가지로 모양이 없습니다. 단지 컴퓨터 파일의 일종입니다. 가상화폐 거래소의 전자지갑은 거래소 도메인에 로그인하면 자신의 지갑 주소와 자산이 숫자로 표시되어 있습니다.

넷째, 송금 시 시간과 비용이 들지 않습니다.

예를 들어 한국에 와서 일하는 아프리카 한 청년이 있다고 해보겠습니다. 돈을 벌어서 모국의 부양가족한테 돈을 붙이려면 은행에 가서 달러를 사서 한은행을 통해 보내게 됩니다. 아프리카 탄자니아 은행으로 한국에서 1000만원 보내면 약 120만원의 수수료가 들고, 받는 사람이 약 한 달 후에 돈을 받게 됩니다. 그런데 가상화폐 비트코인을 사서 보내면 10분 만에 돈을 받고 수수료는 25,000원도 채 들지 않습니다.

간혹 본질적 차이가 아님에도 불구하고 일반화폐와 가상화폐의 큰 차이라고 주장하는 잘못된 기준점이 있는데 살펴보겠습니다. 이것을 이해하는 것이 또한 대단히 중요합니다.

첫째, 익명성이 보장된다는 점입니다.

이 차이는 현재 비트코인 등 몇 개의 인기 있는 코인들이 그렇다는 얘기입니다. 가상화폐도 금융실명제를 채택할 수 있습니다. 단지 현재 비트코인이나 이더리움이 금융실명제를 채택할 기술적 준비가 안 되어 있는 것뿐입니다. 물론 거래소 지갑은 금융실명제가 실행되어 있습니다. 향후 금융당국은 익명성 코인들은 그 사용을 엄격히 규제할 것이 분명합니다. 각종 범죄에 사용될 개연성이 다분하기 때문입니다. 익명성 코인들은 그 설 자리를 잃게 될 것이며 현재 가치도 상당부분 사라질 것이 분명해 보입니다.

깊이 생각해 보면 현금도 익명성을 가지고 있습니다. 지금 5만원권 지폐의 회수가 20% 미만이라는 보도가 있는 것을 보면 현금의 익명성 특성 때문에 지폐로 개인 금고에 보관하고 있다는 뜻일 것입니다.

둘째, 분산형입니다.

현재 몇 개의 코인은 중앙관리자가 없이 분산형이라 돈의 민주화를 이루었다고 주장하기도 합니다. 이미 중앙관리형 코인들이 대부분입니다. 특히 유틸리티 코인이 주를 이루는 토큰 이코노미 시대에는 대부분 중앙관리형이라야 합니다. 바로 리플코인이 대표적이며 중앙관리형입니다. 앞으로 중앙은행들이 발행할 CBDC(Central bank digital currency)는 모범적인 중앙관리형 화폐가 될 것입니다.

셋째, 수량이 많으면 가격이 오를 가능성이 높습니다.

이것처럼 오해하기 쉬운 착각은 또 없을 것 같습니다. 얼핏 보면 틀린 말처럼 느껴지기도 합니다. 화폐는 전 세계에 걸쳐 수많은 사람들이 사용해야 함으로 수량이 많아야 합니다. 많을수록 오히려 좋습니다. 단지 그 유용성과 희소성만 확보되면 됩니다. 수량이 개발 당시부터 정해져 있다는 것이 희소성을 보증하는 것입니다. 수량이 적으면 가치가 금방 올라가 좋을 것 같으나, 현재 비트코인과 같이 가격 거품이 발생하여 유용성이 떨어집니다. 가격의 급등락은 투자자들 입장에서 보면 좋은 일이 절대 아닙니다.

기존의 화폐 시스템은 인터넷과 블록체인이 가져오는 새로운 경제 시스템에서 지불수단으로서 그 기능의 한계가 노출됩니다. 이것이 가상화폐가 발전하는 자연스러운 시스템입니다. 이렇게 생각하면 선입견을 갖지 않고 본질을 파악하기가 어렵지 않을 것입니다.

일반화폐, 아날로그 화폐
지급 결제의 문제점은?

사람들이 상거래 활동에 따라 발생한 채권·채무관계를 지급수단을 이용하여 해소하는 행위를 지급결제라고 합니다.

소비자들은 일상에서 생활용품을 구입하거나 서비스를 이용하고 대가를 지불할 때 현금, 신용카드와 같은 지급수단을 사용합니다. 다른 경제주체인 기업이나 정부도 돈을 지출할 때는 현금, 신용카드 혹은 계좌이체 등의 방법을 지급수단으로 사용합니다.

지급수단에는 여러 가지가 있지만 가장 기본적이고 단순한 지급수단은 현금(지폐)입니다. 현금은 중앙은행이 발행하는 지급수단으로서, 국민으로부터 권력을 신뢰받은 공권력이 가치의 근거입니다. 그러므로 어떤 거래에서나 현금을 지급하면 더 이상의 과정을 거칠 필요 없이 지급결제가 마무리가 됩니다.

그러나 소액거래를 제외한 대부분의 거래에는 현금 대신 어음이나 수표, 신용카드, 계좌이체 등의 지급수단이 사용됩니다. 이러한 지급수단은 지급인이 자신의 거래은행에 맡겨 놓은 돈을 수취인에게 지급하여 줄 것을 요청하는 수단에 불과합니다. 그러므로 이러한 지급수단을 사용하는 경우에는 해당 금액을 지급인의 금융기관 예금계좌에서 인출하여 수취인의 예금계좌로 입금하여 주는 금융기관 간 자금이체 절차를 거쳐야만 합니다.

현금 이외의 지급수단이 우리 사회에서 일상적으로 통용되고 있는 것은 이러한 지급수단이 금융기관 간에 이루어지는 자금이체 과정을 거쳐 자신의 예금으로 전환되고 언제든지 손쉽게 현금으로 찾을 수 있을 것이라는 믿음이 있기 때문에 가능합니다. 이처럼 현금을 지급수단으로 사용하는 경우에는 그 자체로서 지급결제가 마무리되지만 그렇지 않은 경우에는 지급, 청산 및 결제의 세 단계를 거쳐 지급결제가 이루어집니다.

지급은 개인이나 기업과 같은 경제 주체들이 서로 주고받을 채권·채무를 해소하기 위하여 어음, 수표, 신용카드, 계좌이체 등으로 대금을 지불하는 것을 말합니다. 청산은 현금 이외의 지급수단으로 지급이 이루어졌을 때 금융기관들이 서로 주고받을 금액을 계산하는 것입니다. 결제는 청산과정을 통해 계산된 금액을 각 금융기관이 중앙은행에 개설한 당좌예금 계정 간에 자금이체 등을 통해 서로 주고받아 채권·채무관계를 해소하는 과정을 말합니다.

다음 한국은행 지급결제 구조도를 보면 간단해 보이지만, 사실은 대단히 복잡한 단계를 거쳐서 결제가 이루어집니다. 각 단계마다 문제가 발생할 수 있습니다.

예를 들어 백화점에 가서 물건을 사고 현금을 지불하는 것만 간단히 보겠습니다. 소비자가 현금으로 지불하면 그 현금은 백화점의 금고로 들어가서 거기서 멈추지 않고 그 현금은 다시 백화점의 본사로 모이고 그 본사는 현금을 은행으로 보내고 은행은 받은 돈을 장부에 기록하고, 은행의 본사가 그 금액을 기록하고 그리고 그 백화점 본사의 계좌에 기록이 되면서 보관됩니다. 최소 4단계 정도 거쳐서 장부가 완성됩니다. 카드로 결제를 하면 현금 보다 훨씬 더 복잡한 결제과정을 거치겠지요.

그런데 블록체인의 상의 가상화폐로 결제하면 첫 단계에서 결제가 완성됩니다. 단계를 거칠 때마다 비용이 발생합니다. 이런 비용이 전국적으로 발생한다고 하면 금액이 상당할 것입니다. 거기다가 만약에 현금 지불 시 단계를 거칠 때 무엇인가 잘못이 생긴다면, 그 문제에서 분쟁이 발생하고, 분쟁이 발생하면 법률관계자들이 끼어들어서 각 단계별로 생기는 추가비용을 기업이나 개인이 다 부담해야 합니다. 블록체인의 스마트 컨트랙트(smart contract)로 대체한다면 비용은 현격하게 줄어들 것입니다.

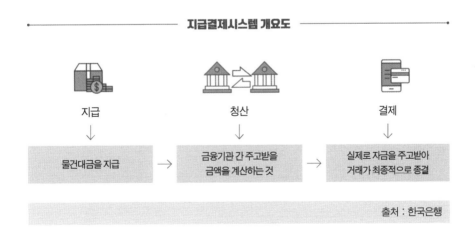

가상화폐는
합법인가요, 불법인가요?

가상화폐 투자행위가 합법인가, 불법인가의 기준에 대한 생각보다는 자유민주주의 경제체제는 사적자치의 원칙과 계약자유의 원칙이 우선이라고 하는 철학적 개념을 먼저 떠올리는 것이 맞을 것 같습니다.

사적자치의 원칙은 대한민국 민법의 기본원리로, 사법상의 법률관계는 개인의 자유로운 의사에 따라 자기책임 하에서 규율하는 것이 이상적이라고 하는 근대사법의 원칙을 뜻합니다.

계약자유의 원칙은 개인이 독립된 자율적 인격을 가진 권리주체로서 타인과의 법적 생활을 영위해 나감에 있어서 법 규정에 위배되지 않는 한 계약에 의한 권리관계의 형성은 완전히 각자의 자유에 맡겨지며, 국가와 법도 그러한 자유의지에 의한 결과를 존중한다는 원칙을 말합니다.

지금 가상화폐에 대하여는 아래 상술하는 대로 법적정의와 질서유지를

32

위한 입법을 진행하고 있는 중입니다. 가상화폐의 투자행위 자체는 사적 자치의 영역으로 합법인데, 그 중계행위나 모집 행위 등이 불법적인 요소가 있으면 안 된다는 규정을 만들고 있다고 이해하면 맞습니다.

법이 없다고 해서 불법적인 행위라고 생각하는 순간 자기에게 다가온 기회를 놓치는 우를 범할 수 있음을 명심할 필요가 있을 것입니다.

몇 가지 사례를 들어 설명해보겠습니다.

첫째, 검찰이 비트코인을 압수하여 국고에 환수한 사건이 있었습니다.

검찰이 2017년 4월 한 불법 음란물 사이트 운영자로부터 압수한 191BTC가 화재가 되었습니다.

압수 당시 가격은 2억 7천만원의 가치로 법원의 판결을 받았습니다. 비트코인이 한국에서 재산적 가치가 있는 것으로 법원이 인정한 첫 판결입니다.

4년 만에 비트코인의 가치는 무려 45배나 올랐습니다. 압수품을 4년 만에 거래소에 매도하여 총 122억 9400만원을 국고에 귀속시켰다고 검찰이 발표했습니다.

둘째, 가상화폐 규제법 이슈가 있습니다.

특정금융정보법이 2021년 3월 25일부터 시행되고 있습니다. 거래소들은 금융정보분석원(FIU)에 사업자 신고를 해야 하는데, 현재 자격 요건을 충족하는 거래소가 극소수에 그치고 있습니다.

한국인터넷진흥원으로부터 정보보호 관리체계(ISMS) 인증을 받고 은행으로부터 실명을 확인할 수 있는 입출금 계좌를 받는 등 요건을 필요로 하는데, 100여 곳이 넘는 것으로 추정되는 거래소들 가운데 이를 충족하는 곳은 극소수에 불과합니다.

한국인터넷진흥원으로부터 ISMS 인증을 받은 곳은 2021년 3월 기준 업비트·빗썸·코빗·코인원·고팍스·한빗코·케셔레스트·플라이빗·에이프로빗·후오비코리아 등 10여 곳입니다.

특히 시중은행과 실명확인 가상계좌 이용계약을 맺은 곳은 빗썸·업비트·코인원·코빗 등 4곳뿐입니다. 업비트는 K뱅크, 빗썸과 코인원은 NH농협은행, 코빗은 신한은행과 계약을 맺고 있습니다.

가상자산과 금전 교환 행위가 없는 사업자는 실명계좌를 발급하지 않아도 되지만, 업계에선 원화 시장을 열지 못하면 결국 거래소간 경쟁이 쉽지 않은 만큼 실명계좌 여부가 거래소 운명을 가를 것으로 보고 있습니다.

셋째, 가상화폐에 대해 소득세가 부과됩니다.

2022년 1월부터 비트코인 등 가상화폐에 대한 소득세 부과가 시행됩니다. 가상화폐로 연 250만원을 초과한 소득을 올리면 20%의 세금을 내야 합니다.

국회 기획재정위원회는 2020년 11월 30일 전체회의를 열고 소득세법, 개별소비세법 등 세법개정안을 의결했습니다. 소득세법 개정안에 따라 가상화폐 등 가상자산을 기타소득으로 분류해 과세하기로 공표했습니다.

실제 실행에 들어가서는 당분간 큰 혼란이 발생할 것 같습니다. 가상화폐를 취득하는 과정이나 방법이 그리 단순하지 않기 때문에 소득 발생의 기준에 대한 논란이 많아 일선 행정에서 갈등이 심할 것입니다.

하지만 벌어서 소득세를 내는 일이라 큰 문제가 없을 것이라는 것이 중론입니다.

넷째, 법적규제가 완성되어 가고 있는 것의 의미를 살펴봐야 합니다.

이는 가상화폐가 이제 대한민국 사회에서 일반화되어 가고 있는 것으로 보면 맞을 것입니다. 필자가 2017년 11월 첫 책을 출간할 당시만 해도 우리 사회는 가상화폐에 대한 찬반 논란 등 아주 기초적인 문제조차도 서로 합의하지 못했습니다.

그 대표적인 것이 2017년 1월 JTBC에서 한국의 유명한 학자들 4명과 손석희 앵커가 진행한 토론회였는데요.

지금도 가상화폐 업계에서는 그 토론회가 대단히 유명한 사례로 통합니다. 너무나 찬반이 팽팽해서 그랬을 수도 있으나, 석학이라는 분들의 어처구니없을 정도의 논리 전개에 그저 기가 막힐 뿐이어서 그랬을 것입니다. 4년이 지난 지금에 생각해 보면 혁명적 사건들은 원래 이렇구나 싶은 생각이 듭니다. 기존의 지식으로는 판단할 수 없는 것이 혁명이구나, 아무리 많이 배우고 지식이 높아도 처음인 사건 앞에서는 자기 기준에 의한 주장만 있다는 것을 알았습니다. 비트코인이 나온 지 9년이나 지난 시점에서도 그렇게 판단했으니까 말입니다.

비트코인에도
실제 코인이 있나요?

비트코인은 물리적 실체가 블록체인 네트워크상에서 신뢰를 기반으로 금전적 가치가 있습니다. 사토시 나카모토는 비트코인을 이렇게 정의했습니다. "비트코인은 디지털 서명의 연속된 체인이다." 디지털 서명으로 이루어진 전자적 거래 장부에 숫자로 표기된 컴퓨터 파일을 비트코인이라고 할 수 있습니다.

그래서 물질적으로 이루어진 금속 동전과 같은 실물은 존재할 수 없습니다. 매스컴이나 컴퓨터 속에서 눈에 보이는 비트코인 도안은 단지 비트코인의 이미지를 그림으로 표현한 컴퓨터 그래픽 이미지일 뿐입니다. 누군가가 비트코인이라고 하는 금속으로 이루어진 동전을 준다면 그것은 사토시 나카모토가 만든 가상화폐가 아니고 다른 사람이 만든 금속 기념 주화입니다.

우리가 익숙하게 알고 있는 500원, 100원 같은 주화의 동전이 아니고 눈으로 볼 수도 없고 손으로 만져지지도 않는 전자적 신호의 이름이 비트코인입니다.

우리가 주목해야 할 것은 비트코인은 왜 가치를 지니는가 하는 문제입니다.

이 질문에 대답을 하기 전에 금은 왜 가치를 가질까요? 이 질문에 답을 할 수 있다면 제목의 질문에도 답을 할 수 있을 것 같습니다.

첫째, 금이 가치를 갖는 이유는 쓸모가 있기 때문입니다. 쓸모에는 여러 가지가 있는데요. 금속으로서 우리 일상 생활에서 필요한 물질입니다. 금니, 펜촉, 도자기 착색제 등을 만드는 용도로 사용합니다.

물질로서 금은 제련하기도 좋고 공기 중에서 부식되지도 않기 때문에 아주 유용하고 상당히 희소하다는 것을 깨달았습니다. 희소성을 바탕으로 금이 드디어 귀금속으로서 가치를 조금씩 갖기 시작했습니다. 그런데 시간이 지날 수록 금을 얻는 비용, 즉 채굴비용이 점점 올라가게 됩니다. 금광의 깊이가 점점 깊어짐에 따라 자연적·물리적 조건상 채굴비의 상승은 불가피한 현상입니다.

그리고 인구 수는 점점 늘어감에 따라 금에 대한 수요는 증가하고 금의 채굴단가는 올라가고 그러니 사람들이 미래의 가치 저장수단으로 또 금을 보유하려고 하게 되었습니다.

금이 가치를 갖는 이유를 요약해서 정리하면 이렇습니다.

희소성을 바탕으로 사회적 기여를 하는 물질이기 때문에 가치를 갖게 되었고 인간의 상거래 증가로 인해 화폐나 귀금속으로서 기능을 담당하면서 오늘의 금이 되었습니다. 이렇게 정리할 수 있을 것입니다.

금이 지천에 널려 있으면 마치 돌이나 공기와 같아서 금이 가치를 갖지 못합니다. 만약 일론 머스크가 화성에서 금이 무궁무진하다는 사실이 밝혀지면 지구의 금값은 하락을 면하기 어려울 것입니다.

비트코인이 가치를 갖는 것도 금이 가치를 갖는 것과 동일한 이유입니다. 비트코인은 물질이 아니기 때문에 물질적 가치는 없습니다. 다만 금의 기능인 자산의 기능을 아주 대단히 훌륭하게 수행합니다. 금이나 달러와는 비교가 안 되게 유용성이 높습니다. 그래서 비트코인이 가치를 가지는 것입니다.

수량은 2100만 개로 금처럼 희소성을 보유하고 있으며, 비트코인의 사용자가 점점 늘어나면서 한정된 자원의 가치는 점점 올라갑니다. 가상화폐는 물질은 아니지만 화폐의 기능과 금의 기능이 탁월하기 때문입니다.

물론 가상화폐도 취득하는 데 원가가 들어갑니다. 시간이 지나면서 비트코인을 얻기 위해 사용되는 채굴비용이 점점 높아집니다. 비트코인이 사회적으로 반드시 필요한 기능을 수행한다면 채굴원가의 상승으로 인해 비트코인 가격은 저절로 올라가게 됩니다.

그러면 초기에 보유했던 사람들은 당연히 큰 이익을 얻게 됩니다. 비트코인이 상식이 되기 전에 비트코인의 가치를 알아보고 취득원가가 낮을 때 보유한 사람들은 미래를 내다본 통찰력이 있는 사람입니다. 세상의 어떤 것도 상식이 된 다음에는 돈을 벌 수 있는 기회는 거의 없는 것이 진리입니다. 이제는 비트코인도 상식이 되었기 때문에 비트코인을 이용한 수익을 내기에는 쉽지 않습니다.

간혹 비트코인과 19세기 네덜란드의 튤립 버블과 비교하는 사람들이 있습니다. 튤립은 꽃 그 자체로 가치가 있지, 투자 자산의 기능은 없습니다.

그런데 네덜란드에서 한때 튤립이 투기의 대상이 되어 버블이 발생한 유명한 사건이 있습니다.

비트코인과 이것과는 근본적인 차이가 있습니다. 비트코인은 훌륭하게 사회적으로 올바른 기능이 있고 취득원가를 가지고 있습니다. 금이나 비트코인 둘 다 절대로 공짜로 얻을 수 없다는 것을 꼭 이해해야 합니다.

알트 코인이란
무엇인가요?

　코인은 비트코인 백서에 처음 등장하는 용어입니다. 이 백서에 영문으로 "We define an electronic coin as a chain of digital signature.(전자적 코인을 디지털서명의 체인으로 정의한다.)" 이렇게 표현되어 있습니다. 비트코인의 정확한 의미는 '전자적 현금 시스템'입니다. 하나의 코인으로서 독립적인 것이 아니고 시스템으로 이루어진 것을 비트코인이라고 합니다.

　알트 코인이란 말은 비트코인 진영의 사람들이 비트코인 이외 모든 코인들을 알트 코인이라고 부르기 시작했습니다. 비트코인으로부터 인사이트를 얻은 사람들이 다양한 여러 가지 코인들을 다양한 목적에 맞게 개발해 시장에 내놓기 시작했습니다. 민주화, 분권화를 지향하는 비트코인 블록체인 커뮤니티가 다른 코인들을 비트코인과 구별을 위해 붙인 이름이 알트 코인이라는 이름을 붙인 것뿐입니다.

필자는 이 지점에서 이름을 구분해서 얻는 실익이 무엇일까 생각해봅니다. 얻는 실익이 누구를 위한 것인가 생각해 봅니다. 옛날 신분제도가 있을 때 적자와 서자로 태어난 자식들을 구분했던 것과 별반 다르지 않다고 생각됩니다. 비트코인 진영에서 비트코인만이 진정한 코인이고 나머지 코인들은 진정한 코인이 아니라고 하는 이미지를 덧씌우기 위한 구분에 지나지 않은 일 같습니다.

비트코인은 기술적으로 단점이 많은 코인입니다. 이런 단점들을 보완하거나 자신만의 어떤 특수한 목적에 맞게 수많은 코인들이 개발되어 나왔습니다.

대표적인 것이 블록체인의 스마트 컨트랙트(계약) 기능이 뛰어난 이더리움이나 작업증명 방식 채굴의 비효율성을 개선한 EOS 같은 코인들은 비트코인과 다른 차원의 코인들입니다. 이런 개별적인 특성을 반영하지 못하는 용어인 알트 코인이라는 이름으로 매도하는 것은 결코 바람직하지 않은 일입니다.

토큰과 코인이라는 용어로 구분하기도 합니다. 토큰이라는 용어는 메인넷 블록체인이 있는 코인과 자체 블록체인이 없이 다른 블록체인을 빌려서 만든 코인을 구별하기 위해서 메인넷 코인 진영 사람들이 붙인 이름인 것으로 보입니다. 이더리움 블록체인이 가장 많이 사용되는 메인넷 블록체인입니다. 이것을 바탕으로 수백 가지의 유틸리티 코인들이 만들어졌습니다. 이런 코인들을 토큰이라고 총칭하여 토큰이라고 부르고 있습니다.

간혹 세간에서 코인은 가치가 좋은 것이고, 토큰은 가치 낮은 것이라고 판단하는 얘기를 자주 들었습니다. 얼핏 보면 토큰은 기술적 기반이 없는 남의 집에 더부살이하는 듯한 이미지를 떠올리기 때문에 그런 기준을 갖고 있는 것으로 생각합니다.

코인이나 토큰이나 하는 역할은 모두 같습니다. 어떤 목적으로 그것을 개발해서 그 기능을 잘하고 있는 것인가가 중요합니다. 메인넷이 없는 토큰이면서도 메인넷이 있는 코인 보다 가격이 높은 것들이 많이 있습니다.

우리가 가져야 할 구분점은 용어를 알트 코인이냐 토큰이냐 하는 것이 아닙니다. 그 코인들이 얼마나 내재적 가치가 높고 향후 사회적으로 유용성이 높게 기능을 할 것인가 하는 점에 주목해야 합니다.

앞으로 실물경제가 토큰 이코노미를 경제로 급속이 이동할 것입니다. 따라서 이런 실물경제와 연동하여 나오는 유틸리티 토큰들이 많이 나올 것이 예상됩니다. 코인을 정확히 이해하고 유망한 코인에 투자하여 수익을 얻으려고 하는 사람들에게 특히 중요한 관점입니다.

이 책 제6장 사례로 소개될 코즈볼 토큰(CTP)을 보시면 좀 더 깊게 이해가 될 것입니다.

상장되지 않은
코인도 안전한가요?

　코인들은 모두 블록체인 기반으로 개발된 것들입니다. 블록체인의 종류가 모두 다르지만, 블록체인은 해킹으로부터 안전하다는 것이 증명되었습니다. 블록체인은 눈으로 확인하고 손으로 만져질 수 없는 컴퓨터가 인터넷으로 연결된 하나의 거대한 바다이고 저장 장치와 같다고 생각하면 됩니다.

　2008년 비트코인 백서에서 처음 블록체인의 개념이 등장한 이래 13년이 지난 지금까지 한 번도 블록체인 시스템이 해킹된 적이 없습니다. 간혹 코인이 해커들에 의해 탈취된 사건은 다수 발생했습니다만 시스템 자체가 무력화된 경우가 없습니다. 그래서 이제는 국가 중앙은행에서 발행하는 돈도 지폐 대신 블록체인을 이용한 화폐, CBDC를 발행하고 있으며 조만간 실용화 단계에 접어들 예정입니다.

우리가 흔히 코인, 즉 가상화폐는 상장되어야만 하는 것으로 알고 있습니다. 코인은 금과 동일한 성격을 가지고 있습니다. 금이 거래소에 상장되어 있지 않다고 해서 가치가 없지 않듯이 코인도 마찬가지입니다. 코인의 가치는 유용성에 의해 가치가 결정되지, 거래소에 상장된 것을 기준으로 결정되지 않습니다.

그러면 가상화폐 거래소는 왜 필요한가 하는 의문이 남습니다. 가상화폐는 금과 기능이 다른 것이 하나 있습니다. 바로 송금과 교환기능이 금에 비해 탁월하게 좋다는 점입니다. 가상화폐를 수단으로 누군가와 거래를 하고 싶은데 누가 그것을 가지고 있는 지 알 수가 없어서 공개적으로 오픈된 시장이 필요했습니다. 그 필요성을 충족시켜주는 것이 가상화폐 거래소입니다.

또한 어떤 프로젝트를 수행할 때 자금 조달의 수단으로 코인을 주식 대신 발행할 수도 있고 어떤 토큰 이코노미의 기축통화로 사용되는 코인의 유용성이 높아지면 외부로 그 가치를 전송할 필요가 발생합니다. 이런 기능을 수행하기 위해 가상화폐 거래소가 필요한 중간 매개체 역할을 하고 있습니다.

가상화폐가 완전히 화폐의 지위를 시장 참가자 모두들로 받는다면 굳이 거래소가 필요 없습니다. CBDC는 거래소가 필요 없는 코인이 될 것입니다. 즉 거래 당사자 누구나 주고받을 수 있는 완벽한 화폐의 기능을 가지고 있기 때문입니다.

아직 상장되지 않은 코인의 안전성 여부는 그와 관련된 산업의 발전성과 관련이 있다고 보겠습니다. 상장되지 않아서 안전하지 않다는 우려의 눈으로 코인을 바라볼 것이 아니라, 그와 관련된 프로젝트의 사업내용이 향후 발전가능성이 있느냐 없느냐가 훨씬 더 중요한 요소입니다. 그것을 잘 살피는 것이 투자의 기회를 잡는 열쇠가 됩니다.

코인 자체는 안전합니다. 사라지지 않는 블록체인 위에 존재하는 디지털 파일과 같은 것이기 때문입니다.

국내 가상화폐 거래소는 안전한가요?

지금까지 거래소를 통한 투자자 피해사례를 살펴보고 특금법이 시행되면서 거래소가 투자자들을 보호하기 위한 어떤 조치를 취하고 있는지 살펴보면 가상화폐 거래소가 얼마나 안전한지 알 수 있을 것입니다.

첫 번째는 거래소의 지갑이 해킹을 당하는 사건입니다.

대표적인 것이 마운트 곡스 해킹사건입니다. 2014년 2월 마운트곡스는 해킹을 당해 85만 개의 비트코인을 도난당하는 사건이 발생했습니다. 이로 인해 마운트곡스 사이트는 폐쇄되고, 회사는 파산을 선언했으며, CEO인 마크 카펠레스는 체포되었습니다. 마운트곡스 해킹 사건을 계기로 가상화폐가 해킹으로부터 안전하지 않다는 인식이 확산되면서, 비트코인 가격이 폭락했습니다.

다음 큰 사건은 홍콩거래소 비트파이넥스의 해킹 사건입니다. 2016년 8월에 약 12만 BTC를 해커에게 도둑맞았습니다. 당시 가격으로는 7200만 달러(약 850억원), 지난 4년간 도난당한 비트코인은 대부분 매각된 것으로 알려졌습니다.

두 번째는 거래소의 서버가 다운되는 사건입니다

거래소 빗썸은 2017년 12일 오후 4시에 서버 접속이 이뤄지지 않아 빗썸 전체 서비스를 일시 중단했습니다. 당시 비트코인캐시가 280만원대까지 상승했던 오후 3~4시 사이에 접속이 중단되고, 이후 비트코인캐시 가격이 280만원에서 200만원 이하로 내리면서 매도 타이밍을 놓친 투자자들의 불만이 빗썸 측에 손해배상을 요구했습니다.

특금법이 2021년 3월 국회 본회의를 통과하고 2022년 3월부터 본격 시행에 들어갈 예정입니다. 이에 따라 국내 가상자산 거래소가 투자자 보호 강화에 나서고 있습니다. 실명확인 가상계좌를 운영하고 있는 빗썸, 업비트, 코인원, 코빗은 특정 금융거래정보의 보고 및 이용 등에 관한 법률(특금법) 시행 전부터 건전한 가상자산 거래 환경 조성과 투자자 보호를 위한 여러 정책을 실행해왔습니다. ISMS(정보보호 관리체계) 인증, AML(자금세탁방지) 시스템 구축, 실명계좌 보유 등으로 투자자 보호를 위한 사전 정비를 모두 마쳤다고 합니다.

우선 투자자 보호의 최우선책으로 꼽은 것은 ISMS입니다. 특금법에서는 가상화폐 거래소의 신고 수리 요건으로 실명 확인 계좌와 더불어 ISMS 인증이 기본 요건입니다. 국내 대부분의 거래소들이 모든 인증을 마쳤으나 아직 실명확인 계좌를 못 받고 있는 곳도 많이 있습니다.

또 빗썸, 업비트, 코인원, 코빗 등은 ISMS 인증 외에도 국제 표준화 기구의 정보보호 인증(ISO27001), 개인정보보호 관리체계 국제 인증(BS10012) 등 ISO 3개 부문의 인증을 추가로 획득했습니다.

AML 종합시스템을 구축한 대형거래소들은 자금세탁행위 방지를 위한 고객확인(CDD·EDD) 의무 수행 및 의심거래보고(STR) 시스템, 이상 금융거래탐지시스템(FDS), 가상자산 거래 추적 시스템을 갖추고 있습니다.

특히 빗썸은 2020년 6월 자금세탁방지센터까지도 신설했다고 발표했습니다. 자금세탁방지센터는 내부 인력과 외부 전문인력 영입으로 약 30명으로 구성했고, 거래소와 관련한 사고의 상당 부분이 내부자의 소행으로 일어난다는 점에서 내부 직원 교육도 강화하고 있습니다.

이것은 내부 감시 제도를 철저하게 함으로서 익명성이 특징인 가상화폐 거래의 사고를 미연에 방지하고자 하는 적극적 노력을 보여주는 좋은 사례라고 볼 수 있습니다.

투자자 유의종목 지정·재무실사보고서·위험고지 안내 등의 서비스를 가상자산거래소가 자발적으로 마련하고 있는 투자자 보호 방안으로는 ISMS, AML 구축 외에도 자유의종목 지정, 재무실사보고서 제공, 개인정보보호 배상책임 보험 가입, 위험고지 안내 등이 있습니다.

법적으로 이행해야 할 책임은 없지만 가상자산 거래소를 둘러싼 해킹, 피싱, 사기 범죄 등을 미연에 방지하기 위해 스스로 금융권에 준하는 투자자 보호 방안 마련에 나선 것입니다.

업비트, 빗썸, 코인원 거래소는 급격한 가격 변동이 예상되는 코인에 대해 투자유의종목 지정제도를 운영해 투자자를 보호하고 있습니다. 업비트는 블록체인·가상자산 프로젝트의 중요한 상황 변화, 기술·기술지원 변동에 늦은 대응, 낮은 유동성 등을 감지하면 투자유의종목으로 지정한다고 지침을 정했습니다. 지정한 프로젝트는 소명 절차를 통해 유의 종목 해제가 가능합니다. 소명 기간 동안 지정 사유를 완벽히 소명하지 않을 경우, 거래지원 종료를 시키게 됩니다.

코인원은 법적문제(범죄, 시세조작, 시장교란연루, 코인가격의 영향을 주는 부정적 사건을 의도적으로 은폐), 기술적문제(블록체인 및 관련 기술 작동안됨, 제품개발 관련 진행 미비), 시장성(투자자 보호를 위한 최소 거래량 미달, 코인 거래 지속성 부족), 프로젝트팀 영속성 4가지 폐지 심사 기준을 마련했습니다.

투자자 보호 방안의 일환으로 투자자가 맡긴 가상화폐를 안전하게 보관하기 위해 콜드월렛(해킹 방지)에 가상자산을 보관하고 재무실사 보고서를 제공하고 있습니다.

지금은 한국 코인거래소 대부분이 기존 전통 금융권에서 시행하고 있는 투자자 보호 방안을 거의 다 시행하고 있다고 보면 됩니다. 이제는 투자자 스스로가 내 자산을 안전하게 관리하고 거래할 수 있는 기술을 습득할 차례일 것입니다.

이런 모든 것을 차치하더라도 가상화폐 거래소의 운영주체가 사회적 책임이 있는 대기업들이 운영한다는 점이 마음을 놓이게 합니다. 업비트는 카카오의 자회사인 두나무가 최대 주주이며, 빗썸은 넥센에서 인수하려고 하고 있습니다.

가상화폐에 투자하려면
지식과 돈이 얼마나 필요한가요?

"주식에 대한 지식이 많으면 많을수록 쪽박이다"라는 말이 있습니다. 가상화폐에 대한 지식도 주식과 별반 다르지 않습니다. 필자의 지인들 중에 가상화폐에 대한 지식이 상당히 많이 있고, 필자의 강의도 몇 번 들은 사람들이 실체도 없는 코인에 2억이라는 거액을 투자하였다가 몽땅 날리는 것을 보았습니다. 그것도 한두 사람이 아닌 상당히 많은 사람들이 그랬습니다.

필자는 지식을 믿고 혹은 누군가 유명한 사람의 말을 믿고 따라 하는 것만큼 바보 같은 짓은 없다고 생각합니다. 지식은 상식입니다. 지식은 이미 정형화된 체계로 굳어진 과거의 사건을 설명한 것에 지나지 않습니다. 지금 각자 눈앞에 벌어지는 일은 지금 당장 구체적인 새로운 현실입니다. 지금의 현실을 과거의 지식으로 재단하면 정확하게 맞을 수가 없는 법입니다. 그래서 상식은 절대 돈이 되지 않는다고 하는 것입니다.

지식을 익히는 것은 어떤 것을 판단하기 위한 기준을 삼자고 배우는 것이 아니고 과거의 어떤 사건을 판단하기 위해서 그 지식이 필요했는 지 들여다보고 그 생각 능력을 배우기 위한 것입니다. 훈련된 생각의 힘을 바탕으로 지금 이 순간 구체적인 이 사건을 어떻게 생각하여 행위를 할 것인가를 스스로 생각해 내야 하는 것입니다. 바둑에서는 흔히 정석을 배우고 실전에서는 정석을 잊고 두라고 합니다.

지식보다는 정보를 잡을 줄 알아야 합니다. 정보는 잡고 읽어내는 것이지, 지식으로 습득하는 것이 절대 아닙니다. 정보는 감각이고 통찰력입니다. 정보를 얻으려면 가지고 있는 지식을 내려놓아야 정보가 귀에 들리고 눈에 보입니다. 지식으로 완전 무장하고 있으면 절대 새로운 정보를 잡을 수 없습니다. 보고 싶은 대로 보지 말고 듣고 싶은 대로 듣지 말고 보이는 대로 보고 듣는 대로 들어야 이길 수 있다고 합니다.

가상화폐는 이미 상식이 되었습니다. 블록체인이라는 기반기술에 대한 개념을 충분히 익히고 향후 계속 나오는 가상화폐들을 유심히 들여다보면 화폐로서 유용성이 높은 코인이 분명 나올 것입니다. 그 코인에 본인이 장기전에 돌입할 수 있고 감당할 수 있는 돈을 투자하는 것이 가상화폐에 대한 올바른 투자 자세라고 필자는 생각합니다.

주식투자는 기업의 경영성과를 예측할 수 있는 다양한 정보루트가 있고 경영성과의 예상에 의해 주식가격이 움직이는 것이 당연함으로 지식이나 정보를 바탕으로 투자를 진행한다고 합니다. 물론 그렇지 않은 주식도 많이 있습니다. 주식은 오랜 기간 시장의 예측 기법이 학문적으로 정립된 상태입니다.

하지만 가상화폐의 가치변동은 지식으로 맞추기 힘듭니다. 코인과 관련된 내적 요인보다 통제 불가능하고 예측 불가능한 외적 요인에 의해 훨씬 더 많은 영향을 받는 것이 코인 시장입니다.

가상화폐에 대한 지식이나 경험을 얻는 방법을 하나 제안하자면, 적당한 거래소에 회원으로 가입하고 돈 50만원 정도를 충전하여 여러 가지 코인을 조금씩 사놓고 거래를 조금씩 해보는 것이 좋습니다. 그러다 보면 자연스럽게 몸에 감각이 느껴집니다. 이것은 숙달이지 지식이 아닙니다. 가장 안전하고 가장 정확하게 가상화폐의 거래 스킬을 배우는 방법입니다.

거래소의 코인 가격 변동에 대한 분석 방법이 두 가지가 있습니다. 간략히 개념만 설명하겠습니다.

첫째, 기술적 분석입니다.

가격이나 거래량과 같은 통계와 차트를 분석해, 가상화폐의 가치를 평가하는 것을 말합니다. 가상화폐는 가격과 거래량 등을 각종 매매 데이터를 기반으로 산출된 지표 분석을 통하여 가상화폐의 상태를 분석하고 예측합니다. 특히 기술적 분석 통해 가상 화폐 매매 시 투자 시장의 심리상태, 매매 시점 등을 결정하는 투자자들이 많아, 기술적 분석은 가상화폐 투자의 중요한 분석 방법으로 자리매김했습니다. 기술적 분석 지표의 대표적인 방법은 이동평균선을 이용한 분석 방법입니다. 과거 일정 기간 동안 형성한 가상화폐 가격의 평균값에서 의미를 분석해서 이를 바탕으로 가상화폐 매매에 활용하는 기법입니다. 기술적 분석의 종류에는 이동평균선 흐름과 패턴 분석방법, 이동평균선을 활용한 분석방법을 포함해 다양한 방법들이 있습니다. 이런 지식이 필요한 분은 좀 더 전문적인 공부를 할 필요가 있습니다.

둘째, 기본적 분석입니다

가상화폐 발행 기업의 내재적 가치를 분석해 미래 가격을 예측하는 방법입니다. 모두 주식 분석에서 가져온 것입니다. 해당 기업의 발전성, 수익성, 안정성, 자금 사정 등을 비롯해 경제적 환경을 토대로 가상화폐의 가치를 평가하는 것인데, 현재의 가상화폐 가격이 평가되는 가격보다 높으면 과대평가가 되어 있다고 판단하고, 반대의 경우에는 과소평가되어 있다고 판단하는 것입니다. 특히 구체적인 실물경제와 관련된 유틸리티 코인의 분석에는 기술적 분석보다 기본적 분석 방법을 사용하는 것이 훨씬 더 중요할 것입니다.

가상화폐마다 개수가
정해져 있나요?

대부분 가상화폐마다 개수가 정확하게 정해져 있는 것이 보통입니다.

화폐의 필요충분조건 중 대표적인 것이 희소성입니다. 희소성을 확보하지 못하는 것은 화폐가 될 수 없습니다. 금처럼 수량이 확정되어 있지는 않지만 수요에 비해 공급량이 일정하거나 부족하고, 가상화폐처럼 수량이 정해진 것을 희소성이 있다고 표현합니다.

조개를 가지고 화폐로 사용하던 시대가 있었습니다. 조개는 바닷가에서는 화폐로 사용되지 않았을 것입니다. 알프스 산속처럼 바다와는 상당히 동떨어져 있어서 희소성을 가지고 있는 지역에서만 화폐로 사용되었을 것입니다. 그런데 시간이 지날수록 조개화폐의 수량이 자꾸 늘어나서 화폐로 사용하는 시대가 막을 내리게 됩니다. 이유는 희소성이 훼손되었기 때문입니다.

당연히 가상화폐는 거의가 수량이 일정하게 정해져 있습니다. 특이하게도 이더리움은 수량이 정해져 있지는 않습니다. 비트코인은 2100만 개, 라이트코인은 8400만 개, 리플코인은 1000억 개 등 이렇게 숫자가 정해져 있습니다.

이더리움(ETH)의 코인 수는 정해져 있지 않지만 거래소에서 가격이 형성되어서 활발하게 거래가 되고 있습니다. 이더리움 블록체인상에서 보상으로 지급되는 이더리움의 개수가 마치 금 채굴량처럼 일정하며 수요가 지속적으로 발생하고 있기 때문입니다.

이더리움 공동 창업자인 조셉 루빈(Joseph Lubin)은 장래에 이더리움 코인 가격이 올라서 누구나 이더리움을 가지지 못하게 되는 상황을 바라지 않았습니다. 이더리움이 범용적으로 쓰일 수 있는 날에 범용성과 안정적인 가치 저장이라는 두 가지 목표를 모두 달성할 수 있기를 희망한다고 하면서 이더리움의 코인 개수를 정하지 않은 이유를 밝혔습니다.

코인 수량을 처음에 한정적으로 발표했다가 나중에 수량을 임의대로 늘리는 일은 쉽지 않습니다. 수량을 무제한으로 하여 발표하고 운영방법을 이더리움처럼 공개적으로 오픈하면 시장에서 신뢰가 생깁니다. 그런 다음 경과를 지켜보면서 수량을 제한하면 일이 참여자 누구에게나 공평합니다. 일을 처리하는 것이 아주 간단합니다. 참여자 누구든지 바로 합의에 이르기 때문입니다.

그래서 이더리움은 시장의 수요와 공급 상황에 맞게 조절하면서 발행량을 결정할 것이라고 이미 선언하였습니다. 시장참여자들이 상황을 모두 알고 이더리움 네트워크에 참여했기 때문에 민주적 의사결정이 잘 이루어지고 있습니다.

그러면 "눈에 보이지 않는 가상화폐가 어떻게 수량을 일정하게 유지하는가? 무엇으로 희소성이 무너지는 것을 감시할 수 있는가? 개발자가 스스로 이 약속을 지켜내는 것이 가능한가?" 하는 의문이 남게 됩니다.

우리가 알고 있는 금융경제학에서는 인플레이션을 억제하기 위해 총 통화량 조절을 금융당국이 관리하도록 법적 지위를 부여하고 있습니다. 우리나라의 통화량 조절 정책은 완전 고용, 물가 안정, 국제 수지의 향상, 경제 성장 촉진 등을 달성하기 위해 한국은행이 시중 통화량과 이자율을 이용하고 있습니다. 이런 통화 정책을 수행할 때 한국은행은 금융조정위원회의를 거쳐 기준금리를 조정하는 금리정책을 실행합니다. 기준 금리를 변경하고 여기에 맞춰 통화량을 설정하면 금융 시장에서 콜금리, 채권 금리, 은행 예금 및 대출 금리 등이 따라서 변합니다.

가령 금리를 높이면 시중에서 돌던 현금이 은행으로 들어와서 통화량이 줄어들고 물가는 안정됩니다. 경기가 침체되면 금리를 낮추어 시중에 통화량이 많아지도록 관리합니다. 물가의 상승으로 경기가 호전되는 결과를 가져옵니다.

정부는 경기가 과열되거나 침체된 경우 정부지출이나 조세를 변화시켜서 총수요에 영향을 주고 이를 통해 경기를 조절하는데, 이를 재정정책이라고 합니다. 정부기관인 기획재정부는 통화량 정책을 위해 재정정책을 실행합니다. 경기가 침체된 경우 정부는 정부구매지출을 늘려 총수요를 증대시킵니다. 또 정부는 가계에게 아무 대가를 요구하지 않고 무상으로 지원해주는 이전지출을 통해서도 총수요를 확대시킬 수 있습니다. 코로나19로 인해 경기가 둔화되자 여러 가지 명분을 만들어 개인이나 기업에 화폐를 직접 공급하는 정책을 실행하기도 합니다. 이런 경우는 아주 드문 현상입니다.

대부분 재정정책은 4대강 확장 공사 혹은 도로나 사회간접자본시설을 확충하거나 하는 방법의 재정정책을 쓰는 것이 보통입니다.

하지만 가상화폐는 중앙관리자도 없는데 어떻게 통화량을 일정하게 유지하는가? 바로 블록체인이라는 기술이 그것을 가능하게 해주고 있습니다. 총 통화량의 숫자가 변동 시 모든 참여자에게 공개됩니다. 그것이 블록체인을 공유장부라고 부르는 이유입니다. 거래내역을 네트워크에 참여하는 모든 사람들이 공유하는 가장 민주적인 방법으로 운영합니다.

어느 누구도 악의적으로 통화량 공급을 늘릴 수도 없거니와 발행자가 의도를 가지고 수량을 늘리는 순간 그것의 가치 기반인 신뢰를 잃어 가격이 0으로 수렴합니다.

가상화폐의 총 개수는 이렇게 민주적 합의에 의해 유지됩니다. 물론 어떤 이유를 위해 총 통화량을 늘려야 하면 참여자들에게 모두 공표하고 보유하고 있는 가상화폐의 개수에 비례하여 변경하는 수량만큼 배포하는 전략을 취하기도 합니다.

결국 비트코인처럼 운영의 주체가 없다거나 아니면 개인 회사가 발행했다고 해서 신뢰성에 대한 의문을 가질 이유는 전혀 없습니다. 비트코인이나 이더리움은 이제 시장에서 신뢰를 얻었기 때문에 특별히 이해하기 어렵지 않습니다.

다만 새롭게 계속 나오는 개인 회사들의 유틸리티 코인을 어떻게 바라볼 것인가 하는 문제가 남습니다. 그것은 우리가 주식을 보듯이 보면 간단해집니다. 사업을 정상적으로 영위해 주식의 가치를 높여서 그 회사의 대표이사가 수익을 내고자 하기 때문에 주가를 관리합니다. 유틸리티 토큰도 마찬가지로 회사의 정상적인 사업을 통해서 코인의 가치를 높여서 비즈니스 생태계를 건전하게 유지하려고 합니다. 사업이 잘 운영되고 있는데 고의적으로 코인의 가치를 훼손할 코인 수량의 일방적 증량 같은 일은 일어나지 않습니다.

가상화폐, 사놓기만 가격이 오르나요?

사지 않으면 가격이 오를 수가 없습니다. 가상화폐도 마찬가지입니다. 코인의 가격은 수요자의 증가에 의해 올라가기 때문입니다. 모든 코인이 다 그런 것은 아니지만, 화폐로서 유용성이 높아 사용자가 많으면 시간이 지날수록 가격이 올라가게 되는 것은 당연한 경제 논리입니다.

비트코인이나 이더리움의 초기 현상은 바로 코인의 유용성을 바탕으로 수요자가 증가하여 가격이 올라가는 현상을 반영한 바람직한 결과였습니다. 그러나 4000만원 전후의 비트코인 가격은 가수요가 있거나 거품이 발생했다고 하는 쪽 의견이 많습니다. 일부 비트코인 옹호론자들은 향후 1억원 이상 가격이 올라간다고 전망하기도 합니다.

사회적 분위기를 통해 현재의 상황을 판단해 보면 가수요가 많은 것이 사실 같습니다. 그 대표적인 예가 일론 머스크 같은 사회적 영향력이 있는 사람이 한마디 하면 코인 시장이 심하게 요동을 치고 있기 때문입니다.

대표적인 안전자산인 금은 성격은 비트코인과 비슷하지만 일부 특정 인물에 의해 가격이 쉽게 흔들리지 않거든요. 금 가격은 철저하게 사회 경제적인 요인에 의해 안정적으로 움직이는 경향이 짙은 투자 대상입니다. 물론 향후에는 가상화폐에 금의 자리를 내주어야 할 날이 반드시 올 것이라는 것이 필자의 의견이기는 합니다.

지금 당장 가상화폐의 시장이 수요와 공급에 의해 가격이 결정되는 경향보다 일부 특정한 정치·사회적 요인에 의해 코인 가격이 결정되는 영향이 더 큰 것은 사실입니다.

가상화폐에 투자하여 수익을 내려는 사람들은 이런 요인들을 예의 주시하여야 합니다. 이미 화폐로서 기능을 상실한 코인들의 가격은 언제든지 폭락할 수 있어 대단히 위험합니다.

신생 코인들이 ICO나 프리세일을 통하여 투자자들을 모집합니다. 이런 코인들은 화폐로서 유용성이 검증되지 않은 상태에서 투자가 이루어집니다. 단지 소액이라는 매력이 있어서 상당히 많은 사람들이 여기에 집중하는 것 같기도 합니다. 물론 지금은 2017년 이전 ICO 전성시대와는 상황이 많이 달라져 있습니다. 맹목적인 ICO의 신화시대에서 합리적인 ICO 시대로 안착이 되었습니다. 실물경제와 연동된 토큰 이코노미의 바람직한 ICO들도 분명히 존재합니다.

투자자들은 이런 ICO를 정확하게 꿰뚫어 보는 식견을 견지하고 있어야 합니다. 그래야 기회를 포착할 수 있습니다. 항상 기회와 위험은 병존하기 마련입니다. 이런 대립되는 개념의 양쪽을 모두 포착하고 어느 한쪽을 쉽게 선택하지 않고 깊게 들여야 보는 안목이 필요합니다.

2017년도 ICO 광풍에 놀란 사람은 지금의 바람직한 ICO를 보고도 이미 편안한 쪽을 선택했기 때문에 그냥 넘겨 버리는 사람이 있을 수 있습니다. 한쪽을 선택하면 편안할 수 있지만 남다른 인생을 살기는 어려운 법입니다.

가상화폐를 처음 접하는 사람들은 코인을 사놓기만 하면 올라갈 것 같은 착각에 빠질 위험이 상당히 높습니다. 가상화폐 시장이 아직도 초기 시장에서 성숙기 시장으로 접어드는 시기라서 그렇게 보이기 쉽습니다.

정석적인 코인 투자는 항상 가치투자를 먼저 생각해야 합니다. 기회가 무수히 다가오기 때문입니다. 기회가 한정적이라면 어떻게든 그 기회를 잡기위해 무리할 수도 있지만 향후 바람직한 다양한 신생 코인들이 계속 나올 가능성이 있기 때문입니다. 절대 서두르지 말고 신중에 신중을 거듭해도 늦지 않습니다.

요즘의 ICO는 이전과 달리 이미 개발을 완료하고 사회적으로 신뢰를 쌓은 기업들이 주식의 IPO처럼 기업의 경영성과를 공개하며 진행하는 ICO가 유행하고 있습니다. 이전의 IOC는 프로젝트를 설계하고 자본을 조달하기 위하여 백서와 비전만 가지고 ICO를 실행하는 것이 대부분이었습니다. 그렇다 보니 시장 경영환경이 변하여 프로젝트가 성공하지 못하는 경우가 대부분이어서 ICO는 사기라는 이미지까지 덧씌워졌습니다. 이런 고정 관념을 탈피하고자 리버스 ICO 개념으로 진행하는 ICO가 향후 성행할 조짐을 보이고 있어 다행이라고 생각합니다.

ICO에 참가하면
무조건 돈을 벌 수 있나요?

ICO(initial coin offering, 가상화폐공개)는 기존 주식회사의 주권을 IPO (initial public offering, 기업공개)하는 것에 빗대어 만들어진 용어입니다. 즉 새로운 코인, 앱, 서비스를 만들기 위해 자금을 모으려는 회사가 자금을 조달하기 위한 방법으로 ICO를 시작합니다. 관심 있는 투자자는 공모에 응해서 회사가 발행한 새로운 가상화폐 토큰을 매수할 수 있습니다. 이 토큰은 회사가 제공하는 제품이나 서비스를 사용할 때 유용하거나 회사나 프로젝트의 지분을 나타낼 수도 있습니다.

첫째, ICO는 어떻게 진행하는가? 가상화폐 스타트업 기업이 ICO를 통해 자금을 조달하고 싶을 때는 대개 프로젝트가 어떤 내용인지, 프로젝트가 완료 시 어떤 니즈를 충족하는지, 얼마나 많은 돈이 필요한지, 창업자가 가상 토큰을 얼마나 보유할 것인지, 어떤 유형의 돈으로 받아들여질 것인지, ICO 캠페인이 얼마나 오래 진행될 것인지를 정리한 백서를 만들어 공개합니다. ICO 캠페인 기간 동안 프로젝트의 지지자들은 프로젝트의 토큰 중 일부를 현금 또는 비트코인이나 이더리움 등 가상화폐로 구입합니다. 이 코인들은 구매자들에게 토큰으로 지칭되며 이것은 IPO 기간 동안 투자자들에게 팔린 회사의 기존 주식과 비슷한 개념입니다. 모금된 자금이 회사가 요구하는 최소 자금에 미치지 못할 경우 후원자에게 반환되는 경우도 있으며, 이때 ICO는 성공하지 못한 것으로 간주됩니다. 자금조달 요건이 지정된 기간 내에 충족된다면, 조성된 자금은 프로젝트의 목표를 추구하는 데 사용됩니다.

ICO에 참가하면 수익이 된다는 생각 이전에 먼저 살펴야 할 내용이 있습니다. ICO는 주로 스타트업 기업이 주로 사용하는 자금 조달 방식으로, 가상화폐와 블록체인 산업과 관련이 많습니다. ICO는 주식과 비슷해 보이지만 대부분 소프트웨어 서비스나 제품을 위한 유틸리티가 있는 경우가 대부분입니다. 일부 ICO는 투자자들에게 막대한 수익을 안겨주기도 했습니다. 또한 일부 ICO들은 사기였거나 실패했거나 실적이 저조한 것으로 드러나기도 했다는 사실입니다. ICO 법적 규제와 관련해서는 아직 IPO와 같은 규제법이 없습니다. 하지만 간혹 미국 증권위원회(SEC)와 같은 곳에서 개입을 합니다. 텔레그램 사가 2018년과 2019년 ICO로 17억 달러를 모금했지만 미국 SEC가 텔레그램사 개발팀 측의 불법행위 의혹으로 긴급 조치를 내리고 잠정적 금지명령을 내렸으며, 2020년 리플 사를 상대로 증권법 위반 소송을 제기하기도 했습니다. ICO는 대부분 법으로 완전히 규제되지 않는 것이어서 투자자들은 ICO에 대한 연구와 투자를 할 때 고도의 주의와 노력을 기울여야 합니다.

구더기가 무서워 장을 못 담그면 안 되듯이, 법적 규제가 없다고 해서 가만히 있으면 기회도 없겠지요. 그럼 바람직한 ICO는 어떻게 찾아야 할까요?

최근의 ICO에 정보에 대해 지속적으로 접근하는 것만이 정답입니다. ICO에 관심 있는 투자자가 할 수 있는 가장 좋은 일은 새로운 프로젝트에 대해 온라인의 정보를 탐색해서 연구하는 것입니다. 대부분의 ICO는 과장 광고가 있을 수밖에 없습니다. 온라인 커뮤니티에는 관심 있는 투자자들이 모여 새로운 기회를 논의하는 곳이 많습니다.

둘째, 전문투자클럽에 참가하여 대면하면서 내가 궁금한 것을 직접 물어보고 답을 찾아가는 것이 가장 바람직합니다. 그들이 하는 얘기를 일방적으로 듣는 것보다 내가 궁금한 것을 질문하고 답을 듣고 하면서 얻는 것이 가장 실천적인 방법입니다. 한국에도 전문적인 ICO 투자클럽이 생길 것입니다.

독자들은 일방적인 ICO 주관자들의 얘기만 듣고 서두르지 말고 그와 관련된 다양한 기관이나 사람들의 얘기를 충분히 듣고 판단해도 늦지 않습니다. 올바른 ICO에 한 번만 참가해도 상당한 금액의 수익을 낼 수 있기 때문에 그 정도의 수고는 하는 것이 맞다고 봅니다.

모든 ICO는 사기극의 전형이라고 매도하는 순간 나에게 기회는 없습니다. 호랑이를 잡으려면 호랑이 굴로 들어가야 합니다.

메타버스가 가상화폐와 무슨 관련이 있나요?

코로나 팬데믹 이후 가상 공간에서 활동이 많이 늘어나면서 경제 지형이 바뀌고 있습니다. 경제활동이 집중되는 장소에 따라 돈의 지불형태가 달라질 수도 있습니다. 새로운 경제 공간에서 가장 효율적인 지불 수단이 무엇인가는 그 세계에 참여한 사람들에 의해 시장에서 선택됩니다.

요즘 핫하게 떠오르는 개념이 '메타버스'입니다. 메타버스란 '가공, 추상, 은유'를 의미하는 '메타(Meta)' 현실 세계 혹은 우주를 의미하는 '유니버스(Universe)' 합성어입니다. 현실 세계와 같은 사회·경제적 활동이 각자의 아바타들에 의해 영위되는 새로운 차원의 세계, 가상공간을 의미합니다. 가상공간(virtual reality, VR) 또는 사이버 공간은 현실 세계가 아닌 컴퓨터, 인터넷, 블록체인 등으로 연결되어 만들어진 새로운 공간입니다. 지금까지 VR은 인터넷으로 연결된 어떤 웹페이지에 접속해서 컴퓨터 게임을 하거나 물건을 쇼핑하는 세상을 의미하는 제한적 개념이었습니다.

하지만 메타버스는 나의 분신인 아바타가 현실 세계와 동기화되어 있는 가상 세계에 들어가서 직접 활동을 하는 공간으로서 현실 세계와 동기화되어 움직이는 세상을 말합니다.

메타버스는 아직 초기 산업으로서 주로 게임에 치우쳐서 발전하고 있지만 이미 현실 속의 다양한 일들을 메타버스 안에서 하고 있습니다. 2020년 9월 9일 방탄소년단(BTS)의 신곡 '다이너마이트'는 기존의 고정관념을 깨고 온라인 게임사의 메타버스를 통해 발표되었습니다. YG엔터테인먼트는 걸그룹 블랙핑크의 가상 의상과 뮤직비디오를 네이버의 제페토에서 공개하고 가상 팬 사인회를 열기도 했습니다.

예를 들어서 스크린 골프장에서 작은 돈내기를 하면 지금은 지저분한 지폐를 주고받느라 위생과 방역에 문제가 생기지만, 가상화폐로 주고받으면 얼마나 깨끗할까요. 자동으로 계산 기능이 있어서 홀마다 결과가 나오면 가상화폐가 패한 사람 지갑에서 이긴 사람 지갑으로 자동 지급되어 서로 다툴 일도 없을 것입니다. 돈을 주고받으며 계산의 관점 차이로 많이 다투어보신 분들은 아실 것입니다. 가상화폐는 스마트 컨트랙트 기능이 있어서 자동계산이 가능합니다.

현재 우리나라는 가상화폐를 게임머니로 활용하는 게임 자체를 불법으로 규정하고 있습니다. 사행성이 이유라고합니다. 이렇게 되면 우리 나라 게임 산업의 동력을 떨어뜨릴 우려가 많고, 우리나라에서 만든 훌륭한 게임이 외국에서 출시되어 외국에 세금을 내는 우를 범할 수 있습니다. 그러다 보니 우리가 만든 블록체인 게임이 우리나라를 제외하고 다른 나라 100개국 이상에서 출시되는 웃지못할 일이 벌어지고 있다고 합니다. 시대의 흐름을 간파하고 고정관념과 기득권을 내려놓고 한발 앞서가는 한국 금융정책당국 관료들의 깨달음이 필요합니다. 물론 국회의 입법도 같이 따라 가야 합니다.

4차 산업혁명의 트렌드는 개인 맞춤화 산업으로 발전하고 있습니다. 특히 메타버스 세계와 현실 세계의 동기화는 개인 맞춤화로 인해 가속화될 것으로 전망됩니다.

현실 세계에서 이루지 못한 꿈을 메타버스 세계에서 이루는 일이 벌어질 수 있습니다. 예를 들어 현실 세계에서 골프 선수가 되고 싶은데, 여러 이유로 꿈을 포기하는 경우가 많습니다. 현실 세계에서는 꿈을 포기했지만 사회 생활을 하면서 골프를 취미생활로 열심히 하는 사람들을 수없이 많이 봤습니다. 현실 속에서 골프 인도어 연습장에 등록할 때 가상화폐로 지불을 합니다. 그것이 메타버스의 포인트로 연결되어 아바타의 골프 능력이 향상됩니다. 또 현실 세계에서 자기에게 맞는 골프 장비를 사면서 가상화폐를 지불하면 아바타의 장비 능력도 향상되며 가상 세계와 현실 세계가 즉시 동기화됩니다.

메타버스 세계에서 아바타 골프대회를 열면 오프라인에서 다양한 투자를 통한 능력에 의해 아바타의 골프 능력이 향상되어 메타버스 골프대회 우승을 할 수 있습니다. 상금도 현실 세계와 다르지 않을 수 있습니다.

이렇게 되면 현실 세계의 산업의 발전과 메타버스 세계의 발전이 동시에 진행되는 연결 고리가 가상화폐가 됩니다.

즉 화폐는 사용처가 많고 사용하기 편리하면 대중성을 확보하게 됩니다. 그렇다면 향후 개인별 맞춤형 산업을 하는 프로토콜 플랫폼 경제를 만들어 내는 회사가 가상화폐의 선두 주자가 될 수도 있을 것입니다.

메타버스에 가장 잘 어울리는 화폐는 가상화폐가 분명해 보입니다.

제 2 장

실전 투자에
들어가기

가상화폐 거래 전
반드시 알아야 할 사항은?

무엇보다 먼저 각 개인의 지갑이 안전하게 보호되어야 합니다. 가상화폐는 어디로든 쉽게 돈을 이동시키는 것을 가능하게 하며 개인이 직접 자기 돈을 통제할 수 있게 해줍니다. 동시에 가상화폐는 올바르게 사용할 때에 매우 높은 수준의 보안을 제공합니다. 각자의 돈을 지키기 위해 올바른 습관을 들이는 것이 무엇보다 중요합니다. 블록체인 혁명 시대에는 각자가 은행장이기 때문에 내 돈은 내가 지켜야 합니다.

지갑을 잘 지키는 기본적인 요령입니다.

첫째, 온라인 서비스에 주의하세요. 거래소 지갑 사용 시 반드시 이중인증 (OTP)을 권장합니다. 둘째, 금액이 크다면 지갑을 따로 분리해 놓으세요. 현금도 마찬가지로 지갑에 넣어서 가지고 다니지 않듯이 큰 금액의 가상화폐라면 인터넷과 분리된 지갑을 사용하는 것을 권장합니다. 셋째, 지갑을 백업해놓으세요. 백업 후 다양한 방법으로 여러 곳에 분리해서 보관하세요. USB, 종이, CD 등을 사용해 여러 곳에 보관하면 혹시 모를 인간적인 실수를 해도 복원할 수 있습니다. 넷째, 지갑의 비밀번호는 확실하게 암호화해서 여러 곳에 보관해놓으세요. 혹시 비밀번호를 잊어버릴 것에 대비해서 복원할 방법을 미리 확인해 놓으세요. 다섯째, 의심되는 거래를 24시간 내 취소할 수 있는 가상화폐를 이용해 자산을 지키는 방법도 있습니다. 비트코인볼트(BTCV)라는 가상화폐가 이 기능을 구현했습니다.

가상화폐는 가격변동이 심한 위험한 자산이라는 것을 명심해야 합니다. 절대로 잃어서는 안 될 돈은 가상화폐 자산으로 보관하지 않는다는 원칙을 지키는 것이 중요합니다. 항상 여유 자금을 가지고 가상화폐에 투자해야만 합니다.

가상화폐의 지불은 철회가 불가능합니다. 코인의 거래 시 한 번 실수로 발생한 거래도 정상적인 거래이며, 타인에게 이체 시에도 실수는 즉시 정상적인 거래로 인증을 받아서 큰 손실로 이어집니다. 거래소에서 매매 시 너무 높은 가격에 매수해도 낭패고 너무 낮은 가격에 매도해도 재산을 잃어버립니다. 코인 이체 시 지갑주소를 다른 곳으로 전송해도 되돌릴 수 없습니다. 비트코인 지갑으로 보내야 되는데 비트코인캐시 지갑으로 보내면 재산을 잃어버려 복구할 수 없습니다.

가상화폐의 특징이 분산형이고 익명성이지만 완전한 익명성을 보장받지 못하는 경우가 대부분입니다. 프라이버시를 꼭 지켜야 할 거래라면 이점 생각해보시고 거래를 해야 합니다. 오히려 현금이 익명성이 더 높습니다. 물론 대면 지불해야 한다는 단점이 있지만요.

정부규제와 세금 문제도 있습니다. 가상화폐가 아직까지는 성공적으로 잘 발전하고 있지만 국가 단위는 법으로 운영되는 경제 단위입니다. 항상 법적 규제가 발생할 수 있다는 생각을 가지고 있어야 하며 세금 문제도 잘 이해하고 있는 것이 좋습니다. 물론 법은 소급적용 불가의 원칙이 적용되어 입법 이전의 거래는 정상적인 거래로 보장을 받을 수 있습니다. 지나치게 법적 규제를 신경 쓰는 것도 올바르지는 않습니다.

거래는 가상화폐 거래소를 통해야만 하나요?

　현재 눈앞에 보이는 현상을 보면 가상화폐는 반드시 거래소가 있어야 할 것 같아 보입니다. 가상화폐와 기존 지폐와의 근본적 차이는 제3자 신용기관인 은행의 개입 없이 인터넷을 통해 P2P로 가치를 교환할 수 있다는 것입니다. 그래서 현금, 카드, 각종 페이 등과 가상화폐는 다른 것입니다.

　가상화폐 거래소(crypto currency exchange, DCE)는 유저들이 가상화폐나 디지털 화폐와 같은 다른 자산을 거래할 수 있도록 하는 온라인상의 비즈니스입니다. 거래소는 디지털 통화나 가상화폐를 대가로 신용카드 결제, 송금 또는 기타 형태의 지불을 받을 수도 있습니다. 가상화폐 거래소는 일반적으로 매수 매도의 서비스에 대한 거래가 완성되면 커미션으로 가상화폐를 받아들이는 일을 합니다. 거래소는 하나의 가상화폐를 다른 가상화폐와 교환하고, 코인을 사고 팔고, FIAT를 가상화폐로 교환하도록 중개 역할을 합니다.

 증권거래소에서는 트레이더들이 이익을 얻기 위해 주식을 사고 파는 반면, 가상화폐 거래소에서는 트레이더들이 변동성이 거래에서 이익을 얻기 위해 가상화폐 쌍을 이용하기도 하는 거래를 합니다. 전 세계적으로 다양한 특성을 가진 거래소들이 존재합니다. 한국의 업비트나 외국의 바이낸스, 코인베이스 같은 가상화폐 거래소가 가장 일반적이며, 모두 가상화폐 입출금이 가능합니다.

 거래소는 가상화폐 투자자들에게 편리한 다양한 기능을 수행하고 있습니다. 가령 처음 발행되어 나오는 가상화폐 CTP토큰이라는 것에 투자를 했다면 이익실현을 어떻게 해야 할까요? CTP토큰을 상장한 거래소에 계정을 만들고 거기서 CTP토큰을 기본 코인인 비트코인, 이더리움 혹은 USDT(테더)코인으로 교환해야 합니다. 그런 다음 한국의 있는 거래소인 업비트나 빗썸으로 그 코인을 전송하여 원화로 매도한 다음 수익을 최종 실현하게 됩니다.

 모든 가상화폐가 거래소를 반드시 통해야 하지만 않지만 거래소가 없으면 다양한 토큰 이코노미가 성장하는 데 오랜 시간이 걸릴 것으로 예상됩니다. P2P가 기본인 가상화폐의 개념에서 보면 조금 불필요한 중계기관처럼 보이지만 어떤 프로젝트를 진행하는데 금융의 허브 역할을 하는 기능과 복잡한 가상화폐 거래의 플랫폼 역할을 하는 거래소는 없어서는 안 될 필수 요소입니다.

 가상화폐의 순기능으로는 거래소 회원들을 대상으로 엄격한 KYC(금융 실명제, know your customer)로 불법 자금의 유통을 차단하거나 추적할 수 있고 가상화폐에 대한 교육을 제공하며 가상화폐가 모여드는 플랫폼 역할을 하면서 정보의 집합적 이해 기능을 제공합니다.

　물론 부정적인 역할도 많습니다. 수수료 수입이 거래소의 주 수입이므로 실질적 가치가 없는 소위 잡코인을 상장시키는 사례가 빈번해지면서 선량한 피해자를 양산하는 소굴 역할도 한 것이 사실입니다. 이런 가상화폐 거래소는 상장을 시켜 주면서 거래소 등록수수료(상장 fee)를 받습니다. 물론 공개적으로 받지 않지만요.

　2021년 9월 특금법이 시행되면 불법을 일삼는 거래소는 정리되고 건전한 가상화폐 생태계의 발전에 기여하는 정상적인 거래소만 생존할 것으로 예상됩니다.

　가상화폐가 일반화되면 가상화폐의 궁극적 종착역인 P2P 방식의 일반화로 굳이 거래소가 필요 없는 시대가 올 것입니다.

해외 거래소와
국내 거래소의 차이점은?

전혀 문제가 없습니다. 요즘은 외국 거래소 대부분이 한국어를 지원해 주고 있기 때문에 해외거래소와 국내 거래소가 잘 구분이 되지 않습니다.

그래도 가상화폐 초보자가 거래를 시작하기 가장 쉬운 곳은 이름이 친근한 국내 거래소를 이용하는 것입니다. 국내 거래소 중 마음에 드는 곳을 선택해 계좌를 만들고 원화를 입금한 뒤 거래를 시작하면 됩니다. 물론 가상화폐를 거래하다 보면 반드시 국외 거래소가 필요할 때가 있습니다. 그래서 국내외 거래소 모두를 같이 다루는 것이 편리합니다. 후오비코리아처럼 국내에 진출한 해외 거래소도 있고 혹은 아예 해외 소재 거래소에 계좌를 만드는 것도 가능합니다.

첫째, 국내 거래소의 장점은 마음이 편하다는 것입니다. 급하면 찾아갈 수 있다는 마음에서 오는 편안함입니다. 그리고 급하면 전화로도 해결할 수 있다는 안도감이 있어서 일단 좋습니다.

한국의 업비트나 빗썸은 세계적인 규모의 거래소들이라 이제는 안전하고 사용의 편리성도 뛰어납니다. 초창기 때와는 완전히 상황이 역전되었습니다. 한국의 가상화폐 시장은 세계에서 손에 꼽는 큰 시장이기도 합니다. 국내 거래소는 한국 이용자들에게 적합한 사용자 인터페이스(UI)와 사용자 체험(UX)을 제공할 것입니다.

둘째, 원화 입출금이 가능합니다. 해외에 있는 거래소의 결정적인 불편 사항이기도 합니다. 각 거래소별로 원화 입출금 은행은 각각 다르지만 원화 입출금은 무엇보다 중요한 편리한 요소 중 하나입니다.

셋째, 혹시 있을지 모르는 해킹이나 거래소의 귀책 사유로 손실이 발생했을 때 법적 손해배상 청구할 때 국내법을 적용받게 되니 법적 분쟁 시 투자자들에게 유리하게 작용합니다.

넷째, 국내에서 진행하는 프로젝트의 가상화폐를 요즘에는 국내 거래소에 상장하는 것을 목표로 하는 경우가 많습니다. 이런 ICO에 참여했던 투자자들은 당연히 국내에 있는 거래소가 많이 편할 것입니다.

국내 거래소는 이미 선진 수준의 가상화폐 업계를 잘 반영하고 있고, 국내 이용자의 취향에 맞춘 서비스를 제공한다는 점에서 초심자들이나 고수들도 자주 사용합니다. 특히나 요즘은 해외 이용자들도 국내 거래소를 많이 사용하는 것으로 나타나고 있습니다.

해외 거래소는 해외 거래소대로 장점이 있습니다.

먼저 홍콩이나 싱가폴 등 금융선진국에 있는 대형 거래소들은 유망한 해외 프로젝트 코인들을 주로 많이 상장하고 있습니다. 이런 해외 프로젝트에 참가한 국내 투자자들은 해외 거래소에서 베이직 코인과 교환 후 국내 거래소로 이체하여 원화 시장에서 매도해야 수익을 실현할 수 있습니다.

특히나 해외 거래소는 금융규제가 별로 없는 금융 선진국에 위치하고 있어서 혹시 모를 불상사에 대비하는 용도로도 유용할 수 있습니다. 그렇다 보니 국내 투자자 중 고수들은 해외 거래소 계정을 가지고 있다고 합니다.

그리고 2017년 한국 법무부 장관이 ICO가 불법이라고 발표를 한 이후 유망한 국내 기업들의 ICO를 해외에서 실행하고 해외 거래소에 상장하는 경우가 많습니다. 그 대표적인 것이 카카오 자회사 그라운드X의 클레이튼이 싱가폴 업비트에 상장을 했고, 네이버의 일본 자회사 라인은 링크를 일본에 있는 비트박스 거래소에 상장을 하여 국내에 있는 사용자들이 구입하는 데 어려움이 있었습니다.

가상화폐의 특징은 국경의 장벽을 쉽게 넘나들 수 있다는 것입니다. 말로만 하던 진정한 글로벌 경제권이 구축이 되었다고 생각하면 맞습니다. 우리는 오랫동안 학습된 국경의 개념과 해외에 있는 모든 것들은 언어적인 문제로 골치 아프다는 이미지를 먼저 떠올려 쉽게 도전을 하지 않는 경향이 있습니다.

지금은 블록체인 혁명 시대입니다. 눈으로 보지 않고 만나지 않아도 블록체인이 신뢰를 만들어주기 때문에 해외 파트너들과 쉽게 금전거래를 할 수 있습니다. 그리고 언어의 장벽 문제는 웹상의 자동번역 기능이 대단히 훌륭하고 자체 도메인에도 한글을 지원하는 경우가 많습니다. 특히 가상화폐 분야에서는 대부분의 해외 거래소가 한글을 지원합니다. 언어 불편을 거의 못 느낄 정도입니다.

자신의 거래 스타일에 따라서 국내외 거래소를 선택적으로 사용하는 것이 바람직합니다.

김프매매란 무엇이고
어떻게 하나요?

'김치 프리미엄'을 줄여서 김프라고 하는데요. 국내에서 거래되는 가상화폐의 가격이 해외의 가격보다 높은 현상을 말합니다.

김프가 생기는 원인은 여러 가지가 있을 수 있습니다. 가상화폐의 가격은 시장에서 수요공급의 원리에 의해 가격이 결정됩니다. 한국에서 수요량이 공급에 비해 많기 때문에 가격이 높다고 설명할 수 있을 것입니다.

공급량이 수요량을 따라 가지 못하는 것은 국내의 높은 전기료, 높은 물가, 높은 임대료 등으로 인해 비트코인의 채굴량이 해외에 비해 작은 환경을 가지고 있습니다. 채굴장의 대부분이 전기료가 싼 내몽골이나 아이슬란드 같은 수력발전 지역에 분포하고 있습니다.

단순하게 생각해보면 해외 거래소에서 한국보다 저가에 거래되는 코인을 매수하여 국내로 이체 후 매도하면 큰 이익을 낼 수 있다는 결론이 나옵니다. 그러면 당연히 공급량이 늘어나 가격이 하락하여 해외 가격과 균형을 이루는 최적의 상태로 돌아올 것입니다.

그런데 왜 김프가 빨리 해결되지 않고 오랫동안 지속될까요?

국내의 해외 송금액의 제한 때문입니다. 특별한 사유가 없는 한 해외 송금은 연간 한도가 있으며 해외 송금 시 그 사유를 증명해야 합니다. 한두 번은 가능하나 금방 한도가 차서 더 이상 해외로 송금이 불가능해집니다.

김프가 심할 때는 해외 가격보다 20% 이상 차이가 날 때가 있었습니다. 그러나 지금은 거의 비슷한 수준에 가격이 유지되고 있습니다. 간혹 어떤 특별한 이슈가 있을 때 김프가 생기곤 합니다.

김프를 이용하여 단기간의 이익을 실현하는 몇 가지 방법이 있습니다.

첫째, 스테이블 코인을 이용하는 것입니다.

국내 거래소 중 스테이블 코인을 거래하는 곳에 계정을 가지고 있다가 해외의 가격이 저평가된 코인을 구매하여 한국으로 이동시켜서 차액을 실현하는 방법입니다. 김프가 단기간에 소멸될 수 있기 때문에 신속하게 조치를 해야 합니다.

거래소의 잔고 중 일부를 스테이블 코인으로 가지고 있어야 합니다. 거래소 외부 이체시 72시간 출금 제한(에스크로)이 있기 때문입니다. 원화를 바로 입금해서 스테이블코인을 구매하면 즉시 해외로 전송이 안 됩니다. 그 사이에 김프가 사라지면 괜히 매수에 따른 수수료만 날아갑니다. 그래서 평상시에 잔고를 유지할 정도의 여유자금을 가지고 있어야 합니다.

김프 현상이 금방 사라지는 현상은 왜 생길까요?

스테이블 코인의 출현 때문입니다. 2014년 리얼코인이라는 이름으로 처음 발행된 테더(USDT)는 한 코인에 1달러에 고정되어 있는 가치 불변의 달러 본위제 가상화폐입니다. 이 코인의 등장으로 해외 송금이 매우 쉬워졌습니다.

물론 초창기에는 한국의 거래소 중 USDT를 거래하는 곳이 거의 없었습니다. 업비트나 빗썸 등 국내 거래소들은 아직도 거래 지원을 하지 않고 있습니다. 이유는 불분명하지만 해외로 자금이탈을 막기 위한 조치 때문이 아닐까 추측해 봅니다.

둘째, 해외 지인을 이용하는 방법입니다. 이제 이 방법은 시간 차 때문에 먹히지 않는 아주 고전적인 방법입니다. 달러를 해외에 보내면 2일 이상 소요되고 수수료도 비쌉니다. 바로 지폐 시스템의 문제이죠. 초창기에는 이 방법을 이용해서 김프매매를 통해 수익을 냈던 사람들도 상당수 있었습니다.

간혹 김프매매나 재정거래를 운운하며 수익을 내준다고 투자하라는 사람들이 있습니다. 재정거래는 거래소 간 가격차를 이용하여 수익을 내는 거래를 말합니다. 이론적으로는 가능할지 모르나 현실적으로는 불가능한 얘기들입니다.

코인 초보자들은 쉽게 현혹당할 수 있기 때문에 조심해야 합니다. 이제는 정보가 신속하게 전 세계에 퍼지는 시대입니다. 금방 가격의 균형이 맞춰집니다. AI 컴퓨터 프로그램을 가지고 재정거래를 한다고 주장하는 사람들도 있습니다만 믿지 않는 것이 좋습니다.

코인 자동매매,
믿을 만한가요?

코인을 자동매매한다는 것은 어떤 매수매도 순간 시점에 거래를 형성하는 것이 아니고 사전에 설계된 가격에 자동으로 매매가 일어나는 것을 말합니다. 이렇게 코인의 매매가 일어나는 방법에는 두 가지가 있습니다.

하나는 거래소에서 거래가격선을 미리 설정해두는 기능을 활용하는 것입니다. 매수선은 매수하고 싶은 저가선을 설정해두고, 매도선은 본인이 매도하고 싶은 고가의 선을 설정해 두는 방법입니다. 가격의 변동이 미리 설정한 가격에 다다르면 자동으로 매수매도가 일어나는 것을 말합니다.

이 기능을 활용하는 목적은 단순합니다. 전문적으로 거래소에서 트레이딩을 하지 않고 다른 일을 하면서 원하는 가격에 코인을 매수하고 싶은 사람이 쓰면 딱 좋은 기능입니다. 주로 가치투자를 지향하는 사람들이 사용하는 방법입니다.

아래 그림은 필자의 업비트 계정입니다. 리플이 현재 시세는 1210원이며 매수하고 싶은 가격인 1150원에 주문해놓았습니다. 업비트는 이런 매매예약 대기시간을 제한하지 않고 사용자가 취소할 때까지 기다려줍니다. 간혹 어떤 거래소는 하루 지나면 자동으로 취소시키는 거래소도 있습니다.

자동매매를 하는 방법은 봇을 이용하는 방법입니다. 포털 사이트에서 봇자동매매를 검색해보면 그런 서비스를 해주겠다는 곳이 여러 곳이 있는 것을 확인할 수 있습니다. 봇프로그램을 판매하는 곳도 있고 회원제로 자동매매를 대행해주는 곳도 있습니다.

처음 거래소에 상장한 코인은
가격이 무조건 오르나요?

 코인 초심자들이 항상 궁금해하는 질문 중 하나가 아닌가 생각합니다. 사람은 학습효과가 있고 유추기능이 있어서 그런 것 같습니다. 주식 상장은 엄격한 법적규제 때문에 쉽지 않고 또한 경영 성과가 부족하면 상장 자체가 안 되는 경우가 많습니다. 그래서 상장 전에 주식을 사두었던 사람들은 증권거래소에 상장되기만 학수고대합니다. 상장만 되면 초기 투자했던 본전을 모두 회수하고도 남기 때문입니다.

 코인 상장은 주식 상장에 비해 쉽습니다. 경영성과와 아무 상관없이 거래소에 상장이 됩니다. 거래소가 한국에만 몇백 개 된다고 하니 상장이 얼마나 쉬운지 알 수 있습니다. 주식거래소는 한국에 코스피와 코스닥 2개가 있고 주식회사들은 대단히 많기 때문에 상장 자체가 하늘의 별따기 입니다.

 이런 학습효과에 편승하여 코인개발자들이 상장만 하면 가격이 오를 것처럼 주장합니다. 물론 상장 후 가격이 곧바로 상승하는 경우도 있습니다. 하지만 금방 가격이 원상태로 회복하는 강합니다.

초창기 해당 코인의 ICO에 참여했던 사람들은 상장 직후 가격이 올라갈 때 팔아 치우면 수익을 실현하겠지만, 상장 후 거래소에서 그 코인을 매수한 사람들은 수익을 쉽게 낼 수 없다는 것이 문제입니다.

정상적인 코인들의 상장 후 가격변동 그래프는 아래 그래프가 잘 보여주고 있습니다. 이더리움의 상장 후 5년간 가격변동 그래프입니다.

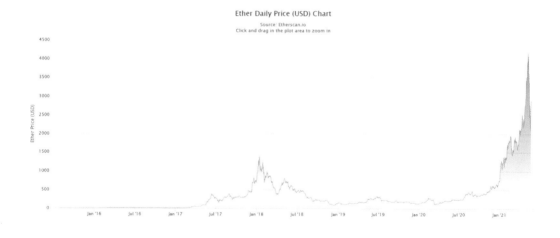

출처 : 이더스캔

그래프에서 알 수 있듯이 처음 상장했을 때 가격변동은 거의 없습니다. 가격이라는 것은 수요와 공급에 의해 결정되는데, 처음 상장 시 수요량이 많을 수 없기 때문입니다. 처음 상장된 코인의 향후 장래발전성을 누가 쉽게 알아볼 수 있겠습니까? 쉽지 않은 일이기 때문에 상장 후 곧바로 가격이 상승한다고 생각하는 건 무리라는 것을 금방 알 수 있습니다.

아래 그래프는 EOS 코인의 가격변동 그래프입니다. 2017년 상장 후 지금까지 가격변동을 확인할 수 있습니다.

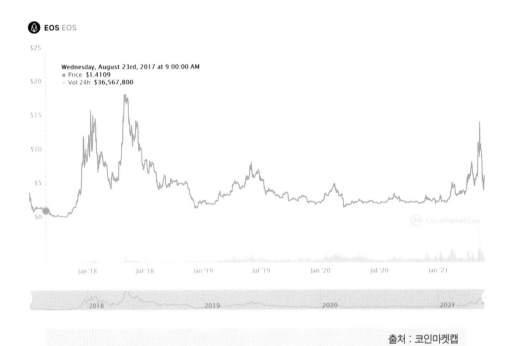

출처 : 코인마켓캡

위 그래프에서 보면 상장후 가격이 떨어지고 있다는 것을 알 수 있습니다. 결국 코인의 가격은 상장과 직결되어 올라간다는 논리는 맞지 않습니다.

그럼 상장 후 가격이 올라가려면 어떤 조건을 충족하면 될까요?

먼저 상장 즉시 어떤 가치 있는 재화나 서비스와 교환할 수 있는 유틸리티 토큰이어야 합니다. 그 재화나 서비스가 혁신적이어서 인기가 높다면 코인의 가격 상승은 아주 자연스러울 것입니다. 코인이 먼저가 아니라 실물경제가 먼저인 코인 이코노미 경제생태계에서 발행한 코인은 상장 후 가격이 올라갈 가능성이 대단히 높다고 할 수 있습니다.

또한 상장 후 코인의 공급량이 거래소에 쏟아져 나오지 않도록 설계된 코인이어야 합니다. 코인을 무상 에어드랍이나 어드바이저들에게 보상으로 지급한 코인들이 있으면 절대 안 됩니다. 그런 코인들은 상장 후 바로 거래소에 매도물량으로 나오기 때문입니다.

위와 같은 정보들을 세심하게 살피고 투자하면 실패할 확률이 훨씬 낮습니다.

대기업이 만든 코인이라는데 투자해도 좋을까요?

이것도 인간의 학습효과에 기인한 중요한 질문이라고 생각합니다. 대기업은 시장에서 신뢰를 얻은 공적 헌신이 있다고 생각되는 기업이라고 하는 인식이 생각 속에 들어 있습니다.

그래서 대기업이 만든 코인이라고 하면 대부분의 사람들이 솔깃할 수밖에 없습니다. 기술력, 자본력과 신뢰를 가진 대기업이 하는 일이기 때문이라고 생각하는 거죠.

코인은 단순하지 않습니다. 시장에서 검증을 받아야 하는 자산입니다. 대기업이라고 해서 그냥 쉽게 검증받을 수 있는 것이 아닙니다. 많은 시간을 두고 시장의 참여자들부터 경험에 의해서 검증받아야 하는 대단히 중요한 것이 코인입니다.

페이스북이 발표한 코인 발행 계획이 그것을 잘 보여주는 사례입니다.

2019년 6월 18일, 페이스북은 칼리브라는 자회사를 통해 리브라 코인 발행을 공식적으로 발표했습니다. 달러, 유로화 등과 일정비율로 교환할 수 있는 스테이블 코인이라고 했습니다.

세상의 모든 사람들이 숨죽이며 페이스북을 쳐다보고 있었습니다. 당시 24억 명의 회원을 가지고 있는 페이스북이 이런 발표를 했으니 대단히 놀랄 만한 일이었습니다.

하지만 필자는 성공하지 못할 것이라고 직감했습니다. 현재까지 결과는 성공하지 못했습니다. 성공할 수 없는 이유는 필자가 운영하는 블로그에 이렇게 적었습니다.

"페이스북의 리브라는 화폐의 기능을 수행하기에 많은 난관이 있을 것으로 예상된다.

첫째, 가치변동이 없는 리브라 코인을 전 세계 유저들에게 어떻게 전파할 것인가? 이미 USDT 같은 스테이블 코인이 그 역할을 충분히 해내고 있다.

그리고 리브라를 보유하면서 얻는 실익이 없어서 일반인 유저들을 확보하기 쉽지 않을 것이다. 엄격한 금융실명제를 유지하면 큰손들의 참가가 없을 것이며, 개미군단들도 리브라를 보유할 의미가 없다.

둘째, 실물상거래에 사용하도록 만들어가는 시스템에 대한 구체적인 계획이 없다. 온라인 기업인 페이스북의 특성상 그 시스템을 만들어서 리브라를 유통시킬 동력을 얻는 데는 많은 기간이 필요할 것이다.

물론 지금은 페이스북의 기업위상으로 인해 비자나 마스터카드, 페이팔 등 굴지의 금융기업들이 리브라 협회의 회원기업으로 참가는 하고 있으나, 각 기업의 자기 이익을 우선하는 특성상 수많은 난관을 헤쳐 나갈 열정을 만들기는 쉽지 않아 보인다.

페이스북은 리브라가 없어도 기업수익을 창출하는데 큰 문제가 없기 때문에 사운을 건 노력을 하지 않을 수도 있다."

국내에도 유명 대기업의 이름을 달고 나온 코인이 있었고 앞으로도 그런 가능성이 있습니다. 대표적인 사례가 2017년 고 정주영 현대그룹 명예회장의 손자이며 HN그룹 사장인 정대선 대표가 2017년 HDAC 코인을 가지고 ICO를 실행했습니다. 제 주위 많은 지인들이 이 프로젝트에 참석하고 채굴에도 참여했습니다. 프로젝트의 내용이 현대그룹의 사업 관련 다양한 곳에 쓰일 수 있는 코인이라고 했습니다. 그러나 아직까지 이렇다할 성과를 못내고 있습니다.

앞의 두 사례에서 우리는 대기업이 발행한 코인이라고 무조건 성공하지는 못한다는 교훈을 얻을 수 있습니다. 코인은 상품이 아니고 화폐라는 것에 집중할 필요가 있습니다. 어느 한정된 장소나 나라에서만 사용되어서는 가치를 인정받기 대단히 어렵습니다. 전 세계 어디서나 편하게 쓰일 수 있어야 바람직한 가상화폐입니다.

바람직한 가상화폐의 필요충분조건을 완벽하게 갖춘 코인이라도, 전 세계 각 나라에 골고루 유저를 확보하는 강력한 마케팅이 없다면 쉽지 않은 길을 가야만 합니다. 예를 들어 누구나 사용하는 화장품과 같은 생활 필수 소비재와 연동된 코인이고 그 소비재가 혁신적이라면 전 세계에 금방 코인을 퍼뜨릴 동력을 가질 수 있을 것입니다.

가령 애플이 아이폰을 만들어 런칭할 때 애플코인을 만들어서 애플 제품을 살 때 할인권으로 사용하거나 애플스토어에서 어플을 다운받을 때 할인율을 적용해준다면 그 코인은 성공할 수도 있을 것입니다.

이는 향후 코인 이코노미 생태계가 출현하면 나올 가능성이 대단히 높은 유틸리티 코인을 판단하는 기준입니다.

가상화폐 채굴 소스가
반드시 공개되어야 하나요?

가상화폐 블록체인은 크게 세 가지로 나뉩니다. 비트코인류와 같이 중앙관리자가 없는 완전분산형, 리플코인과 같은 중앙관리형 그리고 두 가지가 혼합된 하이브리드형으로 구분할 수 있습니다.

가상화폐의 효시인 비트코인은 완전분산형이기 때문에 도메인 bitcoin.org를 통해 채굴 및 개발 소스를 오픈했습니다. 그래야 관심이 있는 다수의 대중들이 그 소스를 무료로 다운로드하여 개발과 채굴에 참여할 수 있기 때문입니다.

bitcoin.org에는 이런 안내가 있습니다.

"참을성을 가지셔야 합니다. 비트코인 코어의 첫 동기화는 오랜 시간이 걸릴 수 있습니다. 전체 블록체인 사이즈(65GB 이상)를 위한 충분한 대역폭과 저장소를 가지셔야 합니다." 비트코인 채굴이 시작된 지 13년이 지났고 엄청난 많은 양의 데이터가 있으니 앞으로 점점 더 긴 시간이 소요될 것입니다.

중앙관리형인 리플코인은 채굴형이 아니고 발행형 코인으로서 채굴 소스를 오픈할 필요가 없는 코인입니다. 물론 블록체인 소스는 오픈하여 다양한 형태의 서비스를 개발하도록 하였습니다.

원코인처럼 중앙관리형이면서 채굴형이기도 한 코인도 많이 있습니다. 이런 경우는 채굴 패키지를 판매하고 채굴 소스는 공개하지 않고 있습니다.

향후 코인의 대세는 유틸리티 코인입니다. 주로 실물경제와 연동되어 발행 주체가 분명하고 눈에 보이는 상품이나 서비스와 직접 교환가치를 갖는 코인이 유틸리티 코인입니다.

그래서 채굴 소스를 오픈하느냐 하는 문제가 그다지 중요한 문제가 아닙니다. 해당 블록체인의 특성에 맞게 채굴 소스를 오픈하는 것이 유리하면 오픈하는 것이고 그렇지 않는 것이 유리하면 오픈하지 않아도 된다는 것입니다.

오히려 신뢰할 수 있는 외부 감사기관에 감사를 정기적으로 의뢰하여 블록체인 내에서 끊어지지 않고 연속적으로 거래가 이뤄지고 있는지 점검해서 정기적으로 발표하는 것이 더 중요한 일입니다.

요즘 한창 논쟁이 되고 있는 것이 채굴에 따른 전기 사용량입니다. 비트코인을 채굴하기 위해서 사용되는 전기 사용량이 1년간 93테라와트(TWh)로 추산되는데, 이는 아르헨티나, 필리핀 등 개별 국가의 연간 전력 소모량과 맞먹는 수준이라고 합니다.

중국과 이란은 2021년 5월에 비트코인 채굴에 전기 공급을 하지 않겠다고 발표했습니다. 비트코인의 블록체인 시스템을 유지하기 위해 이렇게 많은 전기를 사용하면 당연히 환경 문제와 직결되기 때문입니다.

비트코인 옹호론자들은 이런 주장에 대해 현재의 지폐 시스템을 유지하기 위해 사용되는 전기사용량은 비트코인 전기 사용량에 비해 몇십 배 이상이라고 반박합니다.

비트코인 채굴시장은 일부 대형 채굴풀에 의해 집중되어 있지만 완전히 자유 경쟁 시장입니다. 인위적으로 채굴기의 수량을 줄이는 것은 현실적으로 불가능합니다. 비트코인보다 훨씬 더 좋은 코인이 빨리 기축통화의 자리를 굳혀서 비트코인 채굴시장이 돈이 안 되도록 만드는 것이 지구환경을 보호하는 길일 것입니다.

금광에서 금을 채굴하는 것도 전기 사용량이 많습니다. 자연환경도 훼손합니다. 하지만 금광과 연계된 다른 산업을 발전시키는 파생효과가 큽니다. 많은 인력을 고용하며 금광 주변의 상권을 활성화시킵니다. 금 제련 및 세공 기술을 발달시켜 많은 전문가들을 배출합니다. 비트코인의 채굴은 반도체 자원과 에너지만 소비할 뿐 다른 산업에 파생되는 효과가 전혀 없습니다. 그래서 채굴 문제를 가지고 비트코인을 공격하면 받아낼 논리가 전혀 없습니다. 비트코인은 이 문제를 반드시 해결해야만 향후 발전된 방향으로 진보할 것입니다.

중앙관리형 가상화폐는 문제가 있나요?

질문 23

가상화폐의 시조인 비트코인의 철학은 중앙집중식 기존 금융체제의 모순점을 극복하기 위해 분산형 P2P 거래가 가능한 블록체인의 작업증명 방식으로 제3자 개입없이 금융거래가 완성될 수 있게 만든 금융 시스템입니다.

중앙관리형 금융시스템은 화폐의 발행권한이 중앙은행에 있기 때문에 임의적 화폐 발행이 가능해서 지금까지 역사적으로 항상 문제를 야기했습니다. 1, 2차 세계대전 때는 각국이 전쟁 비용을 조달하기 위해 각 나라 중앙은행들이 발행한 지폐로 인한 하이퍼 인플레이션으로 일반 시민들의 고통은 말이 아니었습니다.

다시 말해 중앙관리형은 중앙이 임의적으로 화폐를 발행할 가능성이 있다는 생각에 이런 염려가 섞인 질문을 하게 됩니다. 우리 스스로 중앙관리형 개념에는 일단 걱정이 앞서게 되는 모양입니다.

이렇게 생각을 해보겠습니다. 비트코인은 사토시 나카모토라는 익명의 개발자가 개발하여 비트코인 블록체인 내에 2100만개의 암호화된 연산 퀴즈를 매장하였습니다. 그리고 그 소스를 전면적으로 일반인 모두에게 공개했습니다. 그래서 비트코인은 권한이 있는 중앙관리자가 없어 돈의 민주화를 이루었다고 생각하고 있습니다.

누군지는 모르지만 비트코인을 개발한 실제 사람이 있다는 얘기입니다. 그 익명의 사람이 지금 비트코인 가격이 높으니 몰래 비트코인을 더 만들어서 비트코인 블록체인 내에 심어놓으면 어떻게 될까요?

이더리움도 마찬가지입니다. 개발자 비탈릭 부테린이 몰래 프로그램을 조작하여 이더리움을 임의대로 만들 수 있다면 어떻게 될까요?

일단 두 가지 이유로 안 됩니다.

개발자 본인이 가지고 있는 코인들이 엄청나게 많습니다. 비트코인 개발자는 100만 BTC를 소유하고 있고, 부테린은 2018년 10월 자신의 ETH 주소를 공개한 바 있는데요. 당시에 그 지갑에 33만 3520 ETH가 담겨 있었습니다.

이렇게 많이 가지고 있는 본인들의 재산은 부정행위를 하는 순간 바로 0원이 됩니다. 그리고 블록체인을 일반에 오픈하는 순간 채굴자들이 장부를 정리하기 때문에 중간에 물타기가 개발자라도 불가능합니다.

중앙관리형 코인의 대표주자인 리플도 마찬가지입니다. 리플은 중앙관리자가 있지만, 권한이 있는 중앙관리자가 아닌 지원만 하는 관리자입니다. 화폐의 발행권한이 있는 중앙이 아닙니다. 이더리움의 재단과 같은 기능을 합니다.

리플 중앙관리자가 도덕적 문제를 야기하고 도주하면 어떻게 되는가 하는 의문이 남습니다. 보통 사기 코인들이 그렇게 하니까요. 리플 코인의 개발자도 리플 코인을 대단히 많이 보유하고 있습니다. 비트코인이나 이더리움과 마찬가지로 그렇게 할 수도 없고 손해가 막대해서 그렇게 하지 않습니다.

그리고 정상적인 중앙관리형 가상화폐는 그 플랫폼을 운영하면서 벌어들이는 돈이 문을 닫고 도주하는 것보다 훨씬 많은 돈을 벌어들입니다. 주변에서 부도를 내는 회사를 많이 보게 됩니다. 그 회사들이 운영이 부실하여 부도를 내는 건 유지하는 것보다 이익이기 때문에 부도를 내는 것입니다.

하지만 가상화폐 중앙관리자는 운영비가 들어가지 않습니다. 참여자들이 거래를 하면서 발생하는 수수료 이익이 엄청납니다. 일단 리플처럼 정상궤도에 올라온 회사는 문을 닫지 않을 것이라는 신뢰가 생깁니다.

향후 가상화폐의 발전방향은 매력적인 프로토콜 플랫폼 기업들이 다수 출현하면서 나오는 플랫폼 코인들입니다. 이런 것들은 거의 발행형 코인으로 중앙관리자가 거래를 지원할 것입니다. 선량한 중앙관리자와 사용자는 같은 편입니다. 관리의 초집중화로 거래의 민주화가 더욱 진전되는 형태로 가상화폐가 발전해갈 것으로 예상합니다.

미국 연준이 다른 나라 알게 모르게 달러 발행을 남발할 때는 자국에 이익이기 때문에 그렇게 하는 것입니다. 다른 나라의 이익에 우선하여 자국의 이익을 취할 수 있는 것이 현재 중앙집중형 화폐 제도입니다. 이것이 달러 발행권을 가지고 있는 미국의 가장 큰 횡포라고 할 수 있습니다.

거래소가 문 닫으면
내 코인은 어떻게 되나요?

　이런 일이 있으면 절대 안 되겠지만 처음 가상화폐에 입문하는 분들은 궁금하지 않을 수 없는 질문입니다.

　이 질문에 답을 하기 전에 가장 먼저 해야 할 일은 공신력 있게 운영하는 검증된 거래소를 선택하는 것입니다. 마침 한국도 특금법이 9월 시행되면 가상화폐 이용자 보호가 자연스럽게 이뤄질 수 있을 것으로 기대합니다. 특금법에 따라 거래소들이 금융당국에 실명확인 입출금 계정, 정보보호관리체계 인증 등 신고 요건을 갖추는 과정을 거치면 이런 불안이 많이 줄어들 것입니다. 몇몇을 제외하고는 한국 거래소들이 비교적 건전하게 잘 운영하고 있는 것 같습니다. 거래 규모가 작다고 나쁜 것이 아니고 많다고 좋은 것만도 아닙니다. 자기 거래소의 특화된 서비스를 제공하고 가입회원들로부터 신뢰를 받으면 우량한 거래소라고 볼 수 있습니다.

이번에 실행될 특금법은 규모의 경제에 너무 치우친 것 같아 조금 안타깝기도 합니다. 어쨌든 가상화폐 업계는 특금법에 따라 오는 9월 이후 은행 실명계좌 발급 문턱을 넘지 못한 거래소들이 무더기 퇴출될 가능성이 높습니다.

정상적으로 운영되던 거래소들이 퇴출되면 사전에 가입 고객들의 자산을 옮기라고 공지가 나올 것입니다. 남의 자산을 위탁받고 거래를 지원하는 것이 거래소인데 퇴출된다고 해서 출금을 마음대로 막을 수는 없기 때문입니다.

특금법에 담긴 고객 자산 보호를 위한 법의 내용을 보면 2021년 9월 25일까지 고객의 실명을 확인하는 은행 실명계좌를 받아야 하고 고객이 위탁한 돈은 별도 분리되어 신고가 된 계좌에 따로 보관해서 거래소가 돈을 빼갈 수 없게 한다고 합니다.

모든 개인의 금융 거래를 법에 의지할 수 없는 것이 현실입니다. 지금부터 신뢰가 부족한 거래소에 있는 자산은 빨리 신용이 높은 거래소로 옮겨놓기를 권장합니다. 현재 은행들도 한꺼번에 고객들이 현금을 인출하면 뱅크런이 발생할 수 있습니다. 특금법을 통과하지 못한 거래소의 모든 회원들이 일시에 자산을 옮길 때 거래소의 자산이 부족한 현상이 생기면 그것도 큰일입니다.

그러나 거래소 대부분은 운영에 큰 고정비가 발생하지 않는 구조입니다. 고객들의 거래로부터 발생하는 수수료 수입이 적지 않아서 적자를 보는 거래소는 거의 없습니다.

다만 악의적인 거래소가 고의로 폐업을 해버리면 정말 낭패입니다. 원래 가상화폐는 분산형이고 P2P 거래가 기본 정신인데, 중앙집중식 거래소는 사실 가상화폐와 잘 조합이 맞지 않는 거래 방식입니다. 요즘에는 분산형 거래소가 서서히 출현하고 있습니다. 아직까지는 실험 단계인데요 기술이 발전되고 신뢰할 수 있는 곳에서 오픈하는 분산형 거래소가 나올 것 같습니다.

분산형 거래소는 운영 주체가 없고 네트워크를 구성하며 '노드'가 거래소의 시스템을 형성하고 있습니다. 대표적으로 크립토브릿지(CryptoBridge), 오픈렛저(openLedger), 이더델타(EtherDelta), 비트세어(Bitshares), 같은 거래소가 있습니다. 크립토브릿지와 오픈렛저는 분산형 금융 플랫폼이고, 이더델타와 비트세어는 분산 애플리케이션 플랫폼입니다. 웹상에서 관리자가 운영하는 현재의 중앙집중식 거래소와 달리 모두 노드상에서 자율적으로 동작하는 프로그램이라고 생각하는 것이 맞습니다. 이들 프로그램은 스마트 콘트랙트라고 하는 이더리움 블록체인상에서 동작합니다. 이런 거래소가 하루 빨리 친근하게 우리 곁으로 사용하기 쉬운 상태로 다가와야 합니다.

어느 날 거래소가 느닷없이 문을 닫는 일은 거의 없기 때문에 지나친 걱정할 필요는 없습니다. 조금만 신중하게 접근하면 건전한 거래소가 많기 때문에 마음 편히 가상화폐 거래를 할 수 있습니다.

가상화폐 거래소의 안정성은 어떻게 유지되나요?

거래소의 안전성을 판단하는 기준은 크게 두 가지로 볼 수 있습니다. 하나는 거래소의 도산이나 도덕적 문제로 인한 소비자들의 피해 가능성과, 해킹 방어 등의 기술적 수준입니다.

거래소의 도덕적인 문제는 판단하기 상당히 어렵습니다. 얼마나 신뢰가 높은 거래소인지 알아보는 거래소의 업력을 분석하고 그동안 고객 서비스에 큰 말썽 없이 원만하게 거래소를 운영했는지를 들여다 보는 것이 최선입니다.

한국은 전국은행연합회가 거래소의 안정성을 점검하기 위해 자발적으로 지침을 만들어 점검하고 있습니다. 그 내용을 보면 거래소의 도덕성을 검증하는 데 큰 도움이 될 것 같습니다. 은행은 정기적으로 ISMS(정보보호 관리체계) 인증 여부, 특금법 의무 이행 위한 조직 내부 통제 체계·규정·인력의 적정성, 가상자산 사업자 대주주 인력 구성, 가상자산 사업자가 취급하는 자산의 안전성, 가상자산 사업자 재무적 안정성 등을 점검하기로 했습니다.

첫째, 한국의 메이저 거래소들은 비교적 안전한 거래소로 인정받고 있습니다. 거래량과 회원 수 그리고 사업연수가 개시 년도가 오래된 거래소들입니다. 간혹 중간에 작은 사고들이 있었지만 거래소에서 모두 보상을 했습니다.

둘째, 해킹의 문제는 거래소가 자체적으로 보안수준을 높여가고 있습니다. 메이저 거래소들은 보안수준이 높아서 해킹에 쉽게 노출되지는 않습니다. 지금까지는 큰 해킹 사건이 없었지만 해킹이 언제 어디서 어떻게 발생할지 알 수 없는 일입니다.

2015년 9월 특금법이 발효가 되면 이런 해킹 방어수준 및 금융사고에 대한 보상 규정이 생깁니다. 거래소의 해킹으로 인한 손실은 거래소가 보상하기 위하여 보험이나 준비금 예치를 통한 준비를 갖추고 있어야 합니다.

거래소가 얼마나 안전한지 점검하는 체크사항을 살펴보겠습니다.

1) 은행계좌의 승인 여부 체크

2) 거래소의 사업개시연수

3) 거래소의 중요 자료 공시 여부

4) 주요 코인의 일일 거래량과 금액

- 주요 코인의 거래량과 금액이 많은 거래소는 신뢰할 만합니다. 신생 거래소들은 주요 코인들의 거래량이 작아서 시장 상황에 금방 영향을 받습니다.

5) 대고객 소통의 빠른 업데이트 여부

- 일을 정상적으로 하는가의 여부를 판별하는 대단히 중요한 요소입니다. 직원들이 부족하거나 정보력이 없으면 업데이트할 수가 없기 때문입니다.

6) 대고객 지원부서의 신속한 대응 여부

- 일대일 즉시 상담 코너 운영

- 방문 상담 가능 여부

가상화폐의 송금은
은행 송금과 어떻게 다른가요?

해외 송금을 기준으로 비교해보면 두 가지의 차이점을 분명하게 인식할 수 있을 것입니다. 가상화폐는 기존의 송금 시스템인 제3자 신용기관을 통한 송금의 불완전성을 해결하기 위해 나온 P2P 거래가 가능한 방법입니다.

그래서 먼저 현재 지폐 시스템의 화폐 제도하에서 해외 송금을 처리해 주는 SWIFT 송금 시스템을 이해하면 좋겠습니다. SWIFT(Society for Worldwide Interbank Financial Telecommunication)은 주요은행 간 금융 전상 운영을 지원하기 위한 단체로서, 신뢰할 수 있는 국제 금융 시스템을 구축하는 것을 목표로 합니다. 1973년에 수립되었으며 200개의 국가와 11,000개의 은행이 가입되어 있으며, 가입은행들은 SWIFT 코드를 부여받습니다.

필자의 딸이 독일 베를린에 유학할 당시 유로화로 송금을 할 때마다 농협에 가서 한 시간씩 기다리던 생각이 납니다. 농협에서 유로화를 구매하여 딸에게 송금하면 한국은행으로 정보가 전달되고, 이 정보가 중계기관(SWIFT)을 타고 독일 중앙은행으로 전송 후, 베를린 지방은행으로 지불 가능 정보가 전달되는 경로를 거치면, 딸이 최종 현금을 인출합니다.

그림으로 보면 아래와 같은 경로를 거쳐서 송금됩니다.

해외 송금 서비스 구조

국가 간에 현실적으로 물리적인 지폐를 전송하는 것이 불가능하기에 거래 은행 간 예치금 범위 내에서 은행 간 장부거래를 협의합니다. 모든 은행들이 세계 모든 은행에 예치금 적립이 불가능하기에 각국의 신뢰할 수 있는 은행에 예치금 적립을 근거로 송금이 가능한 시스템이지만 대신에 높은 중계 수수료와 시간이 소요됩니다. 즉 해외송금 과정에서 거치는 중간자가 많으니 수수료가 높아지게 되고 시간도 오래 걸릴 수밖에 없습니다.

독일 같은 경우 3일 정도 걸리면 수신자가 수취하는 것 같습니다. 하지만 아프리카 같은 경우 한 달이나 걸리고 수수료도 상상을 초월한다는 것을 알아야 합니다.

더 큰 문제는 중간 전달 과정이 확인 불가하다는 것입니다. 신청서에 작성한 주소가 틀렸다든지 하는 사소한 문제가 있으면 전송이 취소되며, 어디에서 문제가 생겼는지 한참 후에야 알 수 있습니다.

가상화폐로 송금하는 것은 여기에 비하면 아주 간단합니다. 수신자의 전자지갑 주소만 정확하면 즉시 전송이 되고 수수료도 거의 들지 않는다는 어마어마한 장점이 있습니다. 물론 여기에도 단점이 있습니다. 익명성인 가상화폐의 특성상 한 번 전송이 되면 되돌릴 수 없다는 것입니다. 지갑 주소가 틀리면 돈을 그냥 잃어버리게 되고 맙니다. 그리고 가격 변동성이 심한 가상화폐는 보낼 때마다 수신자와 협의해야 하는 번거로움이 있습니다.

결국 은행 간 송금과 가상화폐 송금은 각각 장단점이 각각 있습니다. 전자의 장점이 후자의 단점이 되고 단점이 장점이 됩니다. 사용자들이 두 가지의 송금 방법을 각각 사용해보면서 자기에게 편리한 방법을 선택해서 사용하게 될 것 같습니다.

필자가 생각하기에는 시간이 지날수록 가상화폐의 송금 수단으로 급속히 옮겨갈 것으로 예상됩니다. 현재의 가상화폐 단점을 보완하여 완벽한 가상화폐를 만들어내는 것은 인간의 숙명이기 때문입니다.

비트코인 이체는 왜 오래 걸리나요?

비트코인 거래는 노드(node, 채굴기, 광부)들에 의해 처리됩니다. 10분당 만들어지는 거래내역들이 포함된 블록 크기가 제한적이기 때문에 각 블록에서 제한된 수의 트랜잭션을 확인할 수 있습니다. 보통 업비트와 같은 거래소에서 전송하는 것에 대한 수수료는 0.0005BTC로 정해져 있습니다. 항상 수수료가 포함되어 있기 때문에 빠른 시간 내에 전송이 잘 됩니다.

개인지갑에서 전송할 때는 수수료를 송금자가 책정하여 전송할 수 있습니다. 그러면 노드들은 경쟁적 시장이기 때문에 수수료가 높은 거래 요청 건부터 먼저 처리하게 됩니다. 당연히 수수료를 낮게 지불하고자 하는 거래 처리 요청은 대기상태가 길어질 가능성이 높습니다.

일반적으로 비트코인은 몇 초에서 60분 이상 걸릴 수 있습니다. 일반적으로 10분에서 20분 정도 걸립니다. 비트코인 거래가 얼마나 걸릴 수 있는

지 이해하기 위해서는 비트코인을 보낼 때 어떤 일이 일어나는지 이해하는 것이 중요합니다. 트랜잭션이 많을 때는 몇 시간씩도 걸립니다. 이것이 비트코인의 단점이기도 합니다.

비트코인 거래가 확정되지 않은 트랜잭션을 취소하는 것은 쉽습니다. 그냥 더 높은 수수료 이중 지출 거래서를 제출해야 합니다.

비트코인 전송이 실패할 수 있을까요? 비트코인 거래는 많은 이유로 확인에 실패하거나 대기가 될 수 있습니다. 며칠 정도까지 거래가 정체될 수 있지만, 때로는 기다리는 것이 능사가 아닐 수도 있습니다.

비트코인 거래 상태를 확인하려면 https://live.blockcypher.com 또는 https://www.blockchain.com/explorer으로 이동하여 트랜잭션 ID를 입력하거나 검색 필드에 붙여 넣습니다. 거래 요청 건이 얼마나 많은 확인을 요청하였는지 체크해볼 수 있습니다.

비트코인의 이런 단점을 해결하기 위해 다양한 시도가 있었습니다. 먼저 하드포크로 인한 블록체인 개선입니다. 비트코인은 블록당 1MB(메카바이트)의 작은 블록의 크기로 인해 처리용량의 부족으로 자주 거래 처리 시간이 길어질 때가 많았습니다. 비트코인캐시는 8MB 사이즈 블록으로 블록체인을 개선하여 거래처리 속도를 높이고 송금 수수료를 대폭 낮춰서 거래처리 속도를 높였습니다.

비트코인캐시의 가장 중요한 목표는 네트워크상에서 처리될 수 있는 거래의 수를 크게 높임으로써 비트코인캐시가 페이팔(PayPal)이나 비자(Visa) 같은 거대 결제 기업들의 거래 처리 능력과 효과적으로 경쟁할 수 있도록 하는데 목표가 있습니다.

성능으로만 놓고 본다면 비트코인이 가장 느린 블록체인 네트워크입니다. 초당 처리 가능한 거래 건수가 7건 정도니까요. 초당 수천 건에 달하는 비자와는 비교 자체가 안 되는 수준입니다. 이런 비트코인의 특성으로 인해 비트코인의 성능 한계를 극복하겠다며 다양한 블록체인이 등장하는 계기가 됐으며, 결국 블록체인 산업 자체의 발전 계기가 되기도 했습니다.

현재까지는 비트코인 운영 지원 재단 내부에서는 속도를 개선하기 위해 기술적인 조치를 취할 경우 플랫폼의 상징인 탈중앙성이 약화된다는 이유로 현재 구조를 유지하는 것을 지지하는 쪽이 훨씬 더 많습니다. 비효율성에는 다 이유가 있다는 논리입니다. 상거래에 일반적으로 사용하기 위한 목적보다는 디지털 금으로서 기능을 하겠다는 뜻입니다.

현재 시점에서 비트코인 블록체인이 느린 것은 사실이지만, 이 같은 문제가 해결 불가능한 것은 아니라고 보는 기술 의견들이 많습니다. 언젠가는 비트코인이 갖는 고유한 구조를 훼손하지 않고도 초당 거래 처리 건수를 느릴 방법을 찾아낼 것입니다.

내 전자지갑은
어떻게 만드나요?

    가상화폐를 본격적으로 거래하기 위해서는 전자지갑을 만들어야 합니다. 전자지갑의 종류는 크게 두 가지로 나뉘어집니다. 하나는 거래소 지갑과 하나는 블록체인에서 제공하는 지갑입니다.

    먼저 업비트 거래소에서 지갑을 만드는 것을 살펴보겠습니다. 노트북이나 스마트폰을 가지고 해도 됩니다. 스마트폰은 업비트 어플을 다운받아 설치하고 회원 가입하면 됩니다.

    ●회원가입하기
   - 도메인 https://upbit.com 에서 회원가입
   - 카카오톡에 등록된 이메일로 회원가입
    ●KYC 인증하기

- 신분증과 초본 준비하기

- K뱅크 본인 계좌번호 (비대면 통장 개설 후)

- 로그인 후 마이페이지로 들어가서 보안 인증(KYC 등록하기)

- 거주지 인증을 받지 않아도 입출금에는 문제가 없습니다.

● 현금 충전 및 인출해 보기

- 아래 그림에서 상단 메뉴 입출금 → KRW(원화)선택 → KRW 충전 or
  출금 선택

- K뱅크에 잔액 확인후 진행

● 매수 매도 하기

- 상단 메뉴에서 거래소 선택 → 희망 코인 선택 → 매수 매도 선택하고 희망 수량과 희망 금액을 입력한 다음 확인됩니다.

- 수량과 금액을 입력 시 여러 차례 확인 후 진행하기(터무니없는 낮은 가격에 매도하거나 높은 가격에 매수할 위험이 있음)

● 가상화폐 송금해보기

- 상단 메뉴 버튼 입출금 선택 → 코인 선택 → 입·출금시 지갑주소 정확히 입력하기

- 잘못된 주소로 전송 시 복원이 안 됨. 가상화폐 거래의 불가역성 원칙

두 번째 블록체인 사이트에서 직접 만드는 방법을 살펴봅니다.

● 도메인 회원가입 하기

- https://www.blockchain.com 에 들어가 get started 클릭 → 이메일과 비번 입력 후 create wallet 클릭 → 이메일 컨펌하기

● 스마트폰에서 회원가입하기

- Blockchain.com에서 어플 설치하고 회원가입 하기

KYC 인증이란
무엇인가요?

금융권 KYC(Know Your Customer)란 금융실명인증 혹은 본인인증을 의미로 사용하는 용어입니다. 가상화폐 업계에서 이 용어는 본인실명 인증 제도라고 합니다. 블록체인이 일반화되면서 우리에게 많이 노출되는 용어이지만, 사실은 이미 자금세탁방지(AML, Anti Money Laundering)나 세금 탈루와 관련하여 기존 금융권에서는 전문적인 용어로 사용되고 있었습니다.

지금까지 가상화폐 거래소는 이미 엄격한 본인인증 제도를 실행하고 있습니다. 2012년 9월부터 시작되는 특금법에 의해 법률로 모든 거래소에 반드시 실행하게 되었습니다. 이것을 지키지 않으면 법률에 의거 처벌을 받게 됩니다. 이전에는 거래소의 자율에 맡겼지만 강제규정으로 바뀐 것입니다. 당연히 기존의 은행들은 금융실명제를 엄격하게 실행하고 있다는 것은 당연합니다. 이 법에 따르면, 금융회사는 금융서비스가 자금세탁 등 불법행위에 이용되지 않도록 고객의 신원, 실제 당사자 여부, 거래목적 등을 확인함으로서 고객에 대해 적절한 주의를 기울이도록 하고 있습니다.

KYC를 실행하는 금융기관마다 고객들에게 요구하는 법률 문서는 조금씩 다를 수 있지만 국가에서 발행하는 서류, 주민등록증, 여권, 면허증, 주민등록초본이면 거의 모든 거래소에 가능합니다. 다만 외국 거래소에 KYC를 등록하려면 주로 여권과 영문 초본을 요구합니다.

KYC는 사용자가 범죄 요소에 의해 돈세탁에 이용되는 것을 막는 것이 주요 목적이지만, 관련 절차를 통해 기업은 고객과 금융 거래를 더 잘 이해할 수 있습니다. 오늘날 KYC 원칙은 은행뿐만 아니라 다른 온라인 사업에도 적용되는 곳이 많습니다.

특히 가상화폐에서 KYC가 중요한 것은 가상화폐의 익명성 때문입니다. 비트코인의 경우 현재 거래소의 지갑만 KYC를 실행하고 있는데 이것을 채굴 시점부터 엄격하게 KYC를 실행해야 합니다. 그래야 검은 돈의 흐름을 원천적으로 차단할 수 있습니다. 지금은 채굴단계의 개인지갑에서는 KYC가 적용이 되지 않아서 시중의 은밀한 결제에 사용될 가능성이 대단히 높은 상태입니다.

'자본시장과 금융투자업에 관한 법률'에 의하면, 금융 회사는 투자자가 일반투자자인지 전업투자자인지의 여부를 확인해야 하며, 투자권유를 하기 전에 일반투자자의 경우 면담이나 질문 등을 통하여 투자목적, 재산상황, 투자경험 등의 정보를 파악하고 그 일반투자자로부터 서명 등의 확인을 받아 이를 유지하고 관리하여야 합니다.

조금이라도 선의의 피해자를 방지하기 위하여 다양한 방법의 투자자 보호와 불법적 사용을 방지하는 제도를 시행하고 있습니다.

향후 기술의 발달에 따라 코인 지갑 자체에 KYC의 정보를 연결시켜 놓으면 불법적인 용도로 사용할 가능성이 현격하게 줄어들 것입니다.

투자자 입장에서는 처음에는 조금 번거로울 수 있지만 결국 나의 재산을 법률 시스템으로 보호받을 가능성이 높아진다는 데서 오는 안도감이 더 클 수 있습니다.

2021년 6월에 미국의 송유관 회사가 해커들에게 협박당해 빼앗긴 비트코인을 FBI가 찾았다는 뉴스가 대서 특필되었습니다. 국내에서도 업비트에서 해킹당한 이더리움을 찾았다는 뉴스도 보도되었습니다. 이것은 거래소의 엄격한 KYC 덕분에 해커들의 지갑으로 이동한 경로를 추적할 수 있기에 찾아냈던 사건이었습니다.

제 3 장

가상화폐의
가격 결정 요소들

지금까지 나타난 가상화폐의
폐해와 단점은 무엇인가요?

　가상화폐의 폐해는 우후죽순격으로 너무 많은 코인이 남발되었다는 것
입니다. 이것은 필연적인 현상일 수밖에 없을 것입니다. 개인이 개발하는
데 큰 돈이 들어가지 않기 때문에 누구나 쉽게 코인을 개발할 수 있기 때
문입니다. 가상화폐에 대한 지식이 체계화되어 있지 않고 정보 또한 은밀
하게 흘러 다니다 보니 묻지마 투자가 성행하고 있는 것 또한 현실입니다.
그렇다 보니 금전적으로 손실을 보는 사례가 다수 발생하고 있고, 가상화
폐를 이용한 범죄도 점차 증가하고 있습니다.

　그 범죄의 대표적인 사례가 금융 피라미드 사기 사건일 것입니다. 이런
형태의 금융사기는 새로운 금융개념이 출현하면 항상 있었다는 것이 역사
적 사실입니다. 반드시 가상화폐에 국한된 현상은 아니라는 것입니다. 가
상화폐를 이용한 사기의 종류는 워낙 다양한 현상을 가지고 있는데, 그중

에 대표적인 몇 가지를 정리하여 보겠습니다. 이런 유형을 알아야 하는 이유는 쉽게 이런 식의 사기극에 당하지 않기 위해서입니다.

첫째, 코인 트레이딩 전문회사를 사칭한 조직이 다단계로 투자자를 모아, 비트코인이나 이더리움 등으로 투자를 받고 코인으로 투자수익을 돌려준다며 속이는 유형입니다. 회사의 소재지는 해외가 대부분이지만 국내에 있다고도 합니다. 하지만 이런 회사는 절대 실체가 없습니다. 사장이 알려지지 않고, 인터넷상으로 순식간에 퍼져가는 현상이 대부분입니다. 지금까지 사례를 보면 트레이딩 회사는 100% 사기라고 보시면 확실할 것입니다.

그런데 간혹 이런 사람들을 만날 때가 있습니다. 어차피 사기인 줄 알고 한다는 것입니다. 먼저 치고 빠지면 꽤 큰돈을 번다고 주장합니다. 몇 군데 터져도 한 군데서만 돈을 벌면 이익이라는 것입니다. 이 얼마나 어리석은 말입니까?

이런 금융사기는 거의 대부분이 피라미드 식으로 운영하고 있어 반드시 지인에게 얘기를 전달하게 되어 있습니다. 상당히 큰 소개비를 수당으로 주기 때문입니다. 지인에게 소개를 하면서 "투자는 원래 리스크가 있는 것이니, 너 스스로 판단해서 알아서 해라" 식으로 자기 책임을 회피하는 형태입니다. 이렇게 전파되다 보면 순식간에 수십 수백명의 투자가가 모이고 피해액은 눈덩이처럼 커집니다.

얼마전 필자는 사회적으로 상당히 존경을 받을 만한 일을 하는 사람을 만났는데, 트레이딩 일을 하고 여러 사람들에게 돈을 벌게 해주었다고 자랑을 했습니다. 그래서 필자는 아직은 아니지만 반드시 끝이 사기로 끝나는 이 일을 꼭 해야만 하느냐고 물었더니 "그것을 어떻게 아냐?"고 반문했습니다. 더 이상 대화가 불가능함을 알고 입을 다문 적이 있습니다.

둘째, 기존에 잘 알려진 코인을 가지고 채굴을 대행하는 마이닝풀에 투자를 하라고 다단계로 사업을 하는 회사가 여럿 있습니다.

100% 끝이 좋을 수 없습니다. 채굴은 경쟁시장으로 시간당 한정된 수량이 채굴되게 프로그램 되어있고 상대방이 더 좋은 채굴기를 투자하면 상대적으로 나의 채굴량이 턱없이 줄어드는 것이 채굴 시장입니다. 실제로 채굴공장을 운영할 수도 있으나 남들에게 돈을 벌어줄 만큼 수익이 많이 나지 않습니다. 거기다 다단계로 운영한다면 100% 사기로 결말이 납니다. 대부분 실제 채굴공장도 없이 코인으로 투자받고 그 코인으로 수당을 주는 돌려막기 식 금융 피라미드입니다.

2018년 마이닝맥스라는 이더리움 빙자 채굴 피라미드 사기가 대한민국을 떠들썩하게 만들었습니다. 가상화폐 전문가라고 하면서 강의까지 진행했던 유명인사도 여기에 투자를 하여 많은 손실을 입었다고 합니다. 참으로 어처구니없는 일이 아닐 수 없습니다.

셋째, 국제 시세차나 거래소 시세차를 이용하여 트레이딩을 통한 이익을 내는 회사라고 하면서 다단계로 투자를 권유하는 유형입니다.

이런 행위 또한 100% 사기입니다. 해외로 돈을 어떻게 지속적으로 보낼 수도 없고 거래소가 시세차도 금방 평형을 이루고 이루어 쉽게 이익을 얻기 어렵습니다. 그리고 대부분의 거래소가 자산을 인출할 때 에스크로(대기시간 72시간) 규칙을 적용하고 있는 곳이 많습니다.

넷째, 코인을 개발한 회사가 이익을 붙여 매입해준다고 하는 경우

그 코인회사는 신용카드사 발급회사나 혹은 대기업 등 일반인들이 혹시나 하는 생각을 가질 만한 논리를 가지고 홍보하면서 금융 피라미드를 전개합니다. 이런 코인 또한 100% 사기로 끝납니다. 수익이 없으니 판매가격보다 비싼 가격으로 코인을 되사줄 수도 없습니다.

또 다른 폐해는 무엇일까요?

기존 금융거래질서를 어지럽힌다면서 문제라고 말하는 사람들이 많은 것 같습니다. 이미 기준으로 자리잡고 있는 어떤 질서도 새로운 질서에 의해 역사는 발전하게 되어 있습니다. 문제라기 보다는 오히려 새로운 질서가 나타나는 변혁의 시기라고 생각하는 것이 훨씬 창의적이고 생산적인 생각일 수 있습니다.

모든 국민들을 가상화폐의 도박 중독증에 빠지게 만드는 문제를 야기한다고 하면서 가상화폐의 폐해를 제기하기도 합니다. 인터넷상으로 가상화폐의 거래가 이루어지기 때문에 미성년자의 거래를 보호자들이 막기가 대단히 어렵습니다. 일부 중학생들이 이렇게 한다고 해서 그것 자체가 문제라고 하기에는 좀 어폐가 있습니다. 필자가 중학생 시절에는 빵집이나 만화책을 보는 것도 문제라고 지적 받고 학생 지도를 하던 때가 있었습니다. 지금 생각하면 대단히 우스꽝스러운 고정관념입니다. 대부분의 어린 학생들은 본분에 충실하다고 저는 확신합니다.

가상화폐는 버블이 많아서 문제라고도 합니다. 버블은 경제생태계 내에 있는 어떤 자산에도 항상 버블 현상은 생길 수 있습니다. 토지건물의 버블로 인한 미국의 서브프라임 모기지 사태나 일본의 잃어버린 30년 현상 그

리고 1995년부터 2000년도까지 경제계를 강타한 닷컴버블 등 모든 자산에는 항상 버블현상이 발생합니다. 가상화폐에 버블이 있다면 그것은 반드시 제자리로 돌아가는 과정이지, 그 자체가 가상화폐의 폐해도 아니고 단점도 아니라는 것입니다.

가상화폐는 익명성이라서 많은 폐해가 있다고 주장하는 경우도 많습니다. 익명성은 오히려 현재 현금 지폐가 훨씬 더 강력합니다. 가상화폐의 익명성은 시간이 지나면 추적이 가능하지만 현금은 추적이 거의 불가능합니다. 익명성 자체로 보면 현금이 더 폐해가 크다고 할 수 있습니다. 그리고 가상화폐도 금융실명제가 기술적으로 가능한 날이 반드시 올 것입니다.

비트코인의 가격이 휘발성이 높고 가치를 보장해주지 못하며 거래처리 속도가 느린 것이 단점이라고 합니다. 그것은 비트코인의 단점이지 가상화폐의 일반적인 단점이 아닙니다. 그런 것들은 기술적으로 충분히 극복가능한 단점이거나 이미 극복을 한 단점들입니다.

필자는 가상화폐의 폐해나 단점들이 무엇인가 찾아보는 것도 좋지만 그런 문제들을 어떻게 극복할 것인가 방안을 연구하는 자세가 더 중요하고, 그것을 극복할 수 있다면 새로운 화폐의 지평을 열어 젖힌 신세계가 펼쳐질 수 있음을 알아차리는 것이 훨씬 더 중요한 자세 같습니다.

기회는 항상 혼란 속에 숨어 있습니다. 긴가민가한 것이 올바른 길이고 확실한 길에는 절대 기회가 없습니다.

질문 31

현재 드러난 가상화폐의 단점들은 극복할 수 없나요?

독자 분들은 이 질문을 받고 어떤 생각부터 드시나요? 가상화폐가 단점이 너무 많아서 많은 문제가 있고 가상화폐에 접근하려고 하는 것 자체가 혹시 문제가 있는 것이 아닌가 이런 생각이 들지 않나요?

필자는 이런 질문을 받으면 답을 하기 전에 먼저 가상화폐는 왜 나타났고 그것이 지향하는 것이 바람직한 방향의 것인가 하는 근본적인 질문을 먼저 해보는 습관이 있습니다. 그래야 이런 질문에 현답을 할 수 있기 때문입니다.

새로운 것은 항상 지금까지의 어떤 불편함을 발견하고 그것을 해결하기 위한 방법으로서 등장합니다. 우리가 그것을 개선 혹은 혁신이라고 부릅니다. 기존의 것 자체는 두고 부분을 수정하여 좋게 만드는 것이 개선이고, 근본적인 것 자체를 바꾸는 것을 혁신이라고 할 수 있습니다.

필자는 이렇게 설명하고 싶습니다. 개선은 누구나 이해하기 쉬운 제안이나 물건이고, 혁신은 누구나 이해하기 어려운 제안이나 물건입니다. 개선은 우리들 속에서 하는 활동이며, 혁신은 나 혼자 고독 속에서 하는 활동이라고 설명하고 싶습니다.

혁신이라고 하는 현상은 우리 역사 속에서 많은 것을 볼 수 있습니다. 세종대왕님의 한글창제가 대표적인 혁신입니다. 최만리 같은 당대의 대학자들도 감히 이해할 수 없는 대사건입니다. 그리고 임진왜란이 일어나기 전인 1589년 일본의 사신 평의지가 선조에게 선물한 조총입니다. 선조는 조총의 가치를 알아보지 못하고 그것을 그대로 창고에 보관하였습니다. 그로부터 3년 후 1592년 조총을 개량하고 사격법을 훈련한 왜놈들에게 조선팔도는 풍비박산이 났습니다.

인터넷이 처음 한국에 전달되고 일반인들에게 알려졌을 때 우리는 어떻게 반응했을까요? 이렇게 느려 터지고 사용하기 복잡한 이것을 어디에 쓸 수 있겠느냐 하면서 뒤로 미뤘습니다. 그로부터 30년 후 그것을 가지고 상업의 수단으로 사용한 아마존은 세계 최고의 부자가 되었습니다.

가상화폐는 무엇인가요? 어디에 쓸 수 있을까요? 현재까지 눈에 보이는 것이 가상화폐의 전부인가요? 지금 불편하다고 하면서 단점이라고 하는 것을 극복할 수 없는 본질적인 문제인가요?

가상화폐는 인류역사상 지금까지 상거래를 증가시면서 지불수단을 발전시켜온 가운데 현재 지불 시스템의 근본적인 문제점인 제3자 신용기관의 문제를 완전히 다른 형태인 P2P의 방식으로 해결한 새로운 다른 화폐 시스템이라고 할 수 있습니다. 제3자를 배격하고 개인 간 직접 지불을 할 수 있는 시스템이 가능한 것이 바로 가상화폐입니다. 그것이 가능하다고 하는 것이 비트코인이 출현한 지 13년 만에 충분히 검증되었습니다.

화폐는 인류역사상 상거래의 진보에 따라 당대 최고의 기술로 상거래의 속도를 향상시키는 방향으로 진보해왔습니다. 금의 제련 기술이 없었다면 금화를 화폐로 사용할 수 없었습니다. 제지기술과 인쇄기술이 받쳐주지 않았으면 현재의 지폐는 사용할 수 없습니다. 페이나 카드 사용은 전자기술이 없으면 사용이 불가능합니다.

가상화폐는 블록체인이라는 기술이 있어야 가능합니다. 인터넷을 통해 돈을 두 번 복사해서 사용할 수 있는 이중지불 방지가 가능한 기술입니다. 이제는 블록체인 기술에 의해 가상화폐로 화폐가 옮겨갈 순간에 이르렀습니다. 이 점을 명쾌하게 인식하는 것이 정답입니다.

그 다음 가상화폐의 단점이라고 지적하는 것들을 열거해봅니다. 기술적으로 극복할 수 있는 문제들인가 살펴보고 극복이 가능하다면 우리는 어떻게 해결해야 할지 깊이 고민해야 할 것입니다.

가상화폐의 문제점 중 대표적인 것이 법적 지위상의 문제, 키 분실의 경우 문제점, 높은 가격 변동성, 아직 검증이 완료되지 않았다는 점 등입니다. 항상 현상이 발생한 후 뒤 따라 정비되는 것이 법입니다. 지금 각 나라들이 가상화폐의 올바른 방향으로 발전하기 위해 법을 제정하고 있습니다. 그리고 열거된 모든 문제점은 기술적으로 보완이 이미 완료되었습니다.

가상화폐들은
해킹을 당한 적이 있나요?

가상화폐에 투자했다가 해킹을 당했다는 기사를 매스컴이나 SNS를 통해 심심찮게 접해본 경험이 있을 것입니다. 분명히 스스로는 보안을 철저하게 했다고 생각했는데 어떻게 당했는지 자신도 모르게 해킹 사건이 발생합니다. 정말 무서운 일이 아닐 수 없습니다. 특히나 가상화폐는 분산형이라서 해킹이 불가능하다고 듣고 있었는데 해킹이 발생한 것입니다. 그리고 해킹을 당하면 아무도 구제해줄 수 없다는 사실입니다. 이러한 공포 때문에 가상화폐에 손을 대는 것을 망설이신 분들도 많을 것입니다.

분산형 금융시스템은 자신의 자산과 정보를 자기 스스로 완전한 통제권을 갖는 것이 가장 큰 장점 중 하나입니다. 그런데 이 말을 바꿔 얘기하면 보안을 스스로 잘 유지하지 못하면 그 피해에 대한 책임 또한 고스란히 본인 스스로 부담하게 된다는 뜻이기도 합니다. 현재 중앙집중식 금융 시스템에서는 은행의 보안 전문가가 책임지고 나의 자산을 보호해줍니다. 물론 은행이 완전 파산하면 무한 책임을 지지는 않습니다. 물리적 화폐를 다루기 때문에 해킹을 해도 해커들에게 실익이 별로 없어서 해킹을 잘 하지 않습니다. 은행은 보안이 그렇게 높지 않습니다.

가상화폐의 분산형 금융시스템에서는 나 스스로가 은행장이고 내가 주인이며 내가 내 재산을 직접 통제합니다. 그래서 나 스스로가 보안 책임자가 되어 내 자산을 지켜내야 하는 것입니다.

비트코인이 등장한 뒤 13년간 발생한 해킹사건으로 매스컴에 나온 사례를 정리해보겠습니다.

첫째, 마운트곡스 해킹 사건입니다.

2014년 2월 일본의 거래소 마운트곡스는 해킹을 당해 85만 개의 비트코인을 도난당하는 사건이 발생했습니다. 이로 인해 마운트곡스 사이트는 폐쇄되고, 회사는 파산을 선언했으며, CEO인 마크 카펠레스는 체포되었습니다. 마운트곡스 해킹 사건을 계기로 가상화폐가 해킹으로부터 안전하지 않다는 인식이 확산되면서, 비트코인 가격이 폭락했습니다.

둘째, 홍콩거래소 비트파이넥스의 해킹 사건입니다.

2016년 8월에 약 12만 BTC를 해커에게 도둑맞았습니다. 당시 가격으로는 7200만 달러(약 850억원). 지난 4년간 도난당한 BTC는 대부분 매각된 것으로 알려졌습니다.

셋째, 2018년 1월 26일 일본의 거래소 코인체크의 해킹사건입니다.

약 5700억원 상당의 가상화폐를 해킹당했다고 언론이 보도했습니다. 피해액으로는 사상 최고액이였으며, 피해자 수도 약 26만 명에 달한다고 합니다.

넷째, 국내거래소 빗썸의 핫월렛 해킹 사건입니다.

2018년 6월 20일 빗썸이 인터넷과 연결되어 있는 전자지갑 핫월렛에 보관되어 있던 350억원 상당의 가상화폐를 탈취당했습니다.

다섯째, 국내 최대거래소 업비트의 해킹 사건입니다.

2019년 11월 27일 업비트가 이더리움 핫월렛에 보관되어 있던 34만2000개, 당시 한화 약 1260억원의 엄청난 금액을 해킹당했다고 매스컴이 보도했습니다. 당시 업비트는 피해를 본 회원들에게 100% 변상하기로 발표했습니다.

위 해킹 사례들을 자세히 들여다보면 하나같이 거래소 지갑들이 해킹당했다는 것을 알 수 있습니다.

해커들이 해킹을 할 수 있는 장소는 크게 3가지로 볼 수 있습니다. 블록체인 시스템 자체의 해킹, 거래소 지갑 행킹 그리고 개인 전자지갑으로 나눠 볼 수 있습니다.

위 해킹 사례들은 모두 거래소 지갑에 대한 해킹 사건입니다. 개인들 지갑보다 거래소 지갑에 보관되어 있는 코인 수가 많기 때문에 주로 거래소를 목표로 해킹을 한다는 것을 알 수 있습니다. 블록체인 시스템 자체에 대한 해킹 사건은 아직 성공한 사례가 없습니다. 개별 해킹 사건은 끊임없이 발생하고 있지만 가상화폐 시스템 근간은 파괴되지 않아서 신뢰성을 확보했습니다.

올해 9월부터 발효되는 특금법에서는 거래소의 해킹 사건을 보상하기 위한 방안을 담아야 합니다. 거래소가 피해보상 보험을 반드시 들게 만든다든지 혹은 보증금을 보관하여 소비자 피해 보상책을 마련해야 한다고 봅니다.

해킹으로부터 나의 자산을 지키는 방법을 정리해보겠습니다.

1) 해킹 피해 보상 기준이 있는 거래소와 거래합니다.

2) 특금법을 통과한 거래소를 이용합니다. 고객정보 안전인증 기준을 가지고 있기 때문입니다.

3) 하드월렛 지갑을 사용합니다. 현실적으로는 쉽지 않지만 많은 자산을 보유한 사람은 반드시 고려해봐야 하는 방법입니다.

4) OTP 인증을 사용합니다.

가상화폐, 지금 시작해도 늦지 않나요?

가상화폐는 2008년 10월 비트코인 백서의 발표로부터 시작되었습니다. 가상화폐가 가능하게 만들어주는 기반기술인 블록체인이 산업 전 분야에 일반화되어 가고 있는 상황임을 감안해서 블록체인의 발전과정을 세심하게 분석해보면 향후 가상화폐 발전 단계가 어떻게 진행될 것인가 하는 것을 가늠해볼 수 있을 것입니다.

한국전자통신기술연구원(ETRI)에서 2018년 12월 21일 〈블록체인 세대별 기술적 동향〉이란 제목의 보고서를 발표했습니다. 이 보고서는 블록체인의 발전단계가 현재 성숙기에 진입하고 있다고 분석하고 있습니다.

ETRI는 블록체인의 발전 단계를 중심으로 분석했습니다. 1, 2세대 블록체인의 문제점이라고 여겨져 왔던 다양한 분산 합의 알고리즘들의 한계

도입기	확산기	성숙기
- 비트코인 시작(시스템) - public 블록체인 - 응용제한적(가상통화)	- 이더리움 부터 시작(플랫폼, 스마트계약) - 스마트계약 기반 다양한 응용 - Private 블록체인 출현 - 응용 제한적(가상통화)	- 확장성&보안성 - 블록체인 간 상호운용성 　지원 - 거버넌스

자료: 블록체인 세대별 기술적 동향(ETRI)

점과 불안정성, 낮은 거래처리 성능을 극복한 3세대 블록체인을 개발하려고 노력하고 있습니다. 또한 3세대 블록체인을 다양한 기반 기술, IoT 등 다종데이터 연동 처리가 가능한 확장 기술, 산업 실적용을 염두에 둔 실증 문제 해결을 위한 서비스의 조화를 이루는 기술들이 완성되었습니다.

가상화폐는 블록체인의 필수 어플리케이션 중 하나라고 보는 관점에서 1, 2, 3세대 블록체인이 완성되어 가는 지금이 가상화폐의 도입기에서 확산 성장기에 들어서고 있는 것으로 생각됩니다.

가상화폐 투자는 언제가 적기인지에 대해서는 다양한 관점에서 논의할 수 있을 것입니다만, 투자라는 것은 언제나 항상 지금이 최적기입니다. 왜냐하면 사회는 끊임없이 변하고 발전하기 때문입니다.

2019년 2월에 어느 국내 매스컴에 이런 기사가 실렸습니다. 중국의 유명한 가상화폐 벤처캐피털 디펀드(DFUND)의 창업자인 자오둥이 SNS를 통해 "2019년은 가상화폐의 겨울인데, 올해를 잘 넘기면 2020년의 봄을 지나 2021년 여름이 올 것이다. 지금이 힘들다고 너무 비관하지 않는 것이 좋다"라고 발표했습니다.

2021년 1월 기준으로 보면 2019년 남들이 가상화폐가 가장 '암울한 시기'라고 했던 때가 투자의 최적기라는 것이 증명되었습니다.

존 리(62) 메리츠 자산운용 대표는 2021년 6월 3일 중앙일보와 인터뷰에서 이렇게 말했습니다.

"단타로 돈을 번 사람은 본적이 없다. 단타로는 돈을 벌 수 없다. 3년 이상을 보고 하는 행위를 투자이고 그 이내는 단타이다."

깊이 새겨 보아야 할 투자 원칙 같습니다. 비트코인을 초창기에 채굴했거나 거래소에 매입 후 몇 년 묻어 두었으면 어땠을까요? 2019년에 이더리움이나 비트코인을 매수하여 3년 가지고 있겠다는 생각으로 투자했으면 어땠을까요?

투자의 적기가 언제인지보다는 투자에 대한 본인의 확고한 철학적 기준부터 세워두는 것이 향후 투자활동에 더 큰 도움이 될 것입니다.

가상화폐는 향후 다양한 분야에서 다양한 목적의 코인들이 출현할 것입니다. 실물생산경제와 연동된 플랫폼 코인이 우리 같이 일반인들이 접근하기 가장 쉬운 종목입니다. 우리 생활과 밀접하고 이해하기도 쉽기 때문입니다.

이제는 가상화폐도 가치투자의 개념으로 매수 후 팔 생각부터 하는 것이 아니라 향후 몇 년 지나면 매수한 코인의 프로젝트가 성공하여 활성화될지를 하는 것을 분석하는 것이 가장 안전한 가상화폐 투자 방법입니다.

현재 가장 안정성 있는
코인은 무엇인가요?

가상화폐는 모두 안정성을 가지고 있는 코인입니다. 가상화폐를 발행한 회사가 안정성이나 발전성이 없다면 그 코인 또한 가치를 가지지 못해 안정성이 없다고 보면 됩니다.

우리가 보통 가상화폐의 안정성이 없어서 여러 가지 문제가 있는 것 같다는 말을 대단히 많이 듣고 있습니다. 가상화폐는 블록체인의 바탕 위에 구동되는 어플리케이션입니다. 블록체인은 해킹이 불가능하다는 것이 이미 증명되었습니다.

가상화폐는 생산비용과 거래비용, 보관비용 등 관리비용이 적고 도난과 분실의 우려가 없다는 장점이 있어 크게 인기가 있습니다. 그러나 최근에는 가상화폐 거래소 자체가 해커의 공격을 받는 사례가 여러차례 발생하면서 관리의 취약점을 드러내고 있습니다. 그래서 코인에 대한 안정성을 걱정하게 되는 것 같습니다.

정상적인 블록체인 바탕위에 만들어진 가상화폐는 그 자체가 안정성을 가지고 있는 것이며 거래소에서 발생하는 해킹 사건은 거래소의 관리 부실의 문제일 뿐입니다. 우리가 점검해야 할 가상화폐 자체가 안정성이 아니라 그 화폐가 추구하는 프로젝트의 건전성과 현실화 가능성이어야 할 것입니다.

가상화폐가 추구하는 프로젝트의 건전성은 어떻게 판단하는 것이 좋을까요?

블록체인 기술은 2008년 비트코인 백서에 처음 출현한 가상화폐 기반 기술로, 제3자 신용기관 개입 없이도 네트워크 참여자들 P2P의 방법으로 신뢰할 수 있는 거래가 가능하게 만들었습니다.

블록체인은 오늘날 인터넷이 가진 중앙집중식 플랫폼의 승자독식, 이중지불 등과 같은 문제점들을 해결할 수 있는 기반 기술이라는 점에서 대단히 중요합니다. 현재의 중앙집중식 거래 및 기록 관리 메커니즘에서 근본적으로 벗어나 기존 시장경제의 생태계에 새로운 혁신적인 플랫폼으로 불리는 프로토콜 플랫폼이 출현하여 경제의 민주화를 가지고 왔습니다.

하지만 비트코인과 같은 퍼블릭 블록체인은 네트워크 거래자들이 동시간에 집중되는 거래가 일어나는 경우, 거래 속도 지연 및 채굴에 필요한 거래비용 증가 등의 문제가 지적되었습니다. 프라이빗 블록체인, 하이브리드 블록체인 등은 기존 블록체인이 가진 기술적 한계를 극복하고 용도를 확장하기 위한 노력이 이어지면서 계속 발전을 거듭하고 있습니다. 비트코인은 금융 서비스 산업에 중점을 두었지만 점차 블록체인 기술은 정부, 의료, 제조, 미디어 유통, 신원확인, 소유권 등록 및 공급망을 포함하여 많은 잠재적인 애플리케이션을 개발하고 있습니다. 다양한 산업 분야에서 블록체인 기반으로 재편되고 있습니다.

가상화폐는 이렇게 블록체인의 발전과정에 자연스럽게 나타나는 것 중 하나이며, 가상화폐와 블록체인은 불가분의 관계로, 블록체인의 발전은 당연히 가상화폐의 발전을 같이 가져오게 됩니다. 어느 하나의 블록체인이 사회의 모든 문제를 해결할 수 없기 때문에 다양한 블록체인이 동시에 발전하게 됩니다.

가상화폐도 어느 하나만 안정성이 좋은 코인이 될 수 없습니다. 안정성이 좋은 다양한 코인들이 향후 블록체인의 발전과 함께 계속 개발될 것입니다.

어떤 새로운 유형의 자산은 기존 자산의 문제점이나 장애요인을 얼마만큼 잘 해결하는가에 따라 그 가치가 결정됩니다. 가상화폐는 새로운 유형의 디지털 가상 자산입니다.

따라서 가상화폐의 안정성은 그 블록체인이 해결하고자 하는 문제가 얼마나 근본적이고 시장이 큰 문제인지 그리고 그것을 현실화 가능한지, 비즈니스 모델을 얼마나 정교하게 창조해 냈는지에 따라 판단할 문제입니다.

비트코인의 가격 변동성이 너무 심한데 문제는 없나요?

가격 변동성이란 무엇일까요? 단시간 내에 자산 가격의 급등락이 심하면 가격 변동성이 심하다고 표현합니다. 자본시장에서 자산의 가격 변동성은 시장의 다양한 요인에 의해 영향을 받기 마련입니다. 변동성이란 특정자산의 수익률에 대한 불확실성을 나타내는 것으로, 수치적으로는 수익률의 표준편차로 계산됩니다. 과거의 일정기간 데이터나 현재 시점의 가격등락의 데이터를 가지고 변동성을 측정해 볼 수 있습니다. 모두 변동성의 평균개념을 적용해서 측정하는 방법입니다.

변동성과 리스크는 구분해서 볼 수 있어야 합니다. 리스크는 본래 알 수 없는 것으로 우리는 특별한 데이터로 이것을 측정하기 어렵습니다. 호재나 악재는 어디서 언제, 어떻게 일어날지 아무도 알 수 없습니다. 역사적으로 보면 항상 어떤 환경에서든, 어떻게든 일어났다는 것을 알 수 있습니다. 다만 리스크가 발생했을 때 어떻게 대처하는 것이 가장 최선인가를 생각하는 것이 리스크를 관리하는 제한적 행위입니다.

간혹 가상화폐 시장의 변동성이 높아서 어떤 사람들은 시장에 진입하는 걸 꺼린다고 합니다. 하지만 그와 반대로 높은 변동성을 선호해서 진입하는 투자자들도 상당수 있다는 것입니다. 이들은 가상화폐 시장에 유동성을 공급해 변동폭을 줄이고, 시장을 성숙하게 하는 데 일조하기도 합니다.

비트코인의 가격변동성이 높은 이유를 몇 가지 정리하고 어떻게 하면 이런 변동성이 줄어들 것인지를 살펴보겠습니다.

비트코인은 성숙기 단계로 접어들었습니다. 2100만 개 매장량 중에 1873만 개 정도가 채굴되어 유통되고 있는데요, 채굴이 2140년에 완료가 되는 시점등을 고려해서 성숙기라고 보면 맞습니다.

초창기보다 사용자 수가 많이 늘어 가격 변동성이 훨씬 낮아지고 있습니다. 향후 기관투자가들이 비트코인을 매수하여 보관하는 수요가 발생하면 가격변동성은 많이 줄어들 것입니다.

투자자의 관점에서 보면 변동성이 다양한 자산을 적절히 묶어 포트폴리오를 구성하는 것이 좋습니다. 여기서 상대적인 가중치는 개인투자자가 선호에 따라, 자산 상황에 따라 결정할 일이지 비트코인이 가격 변동성이 높은 이유가 가상화폐 접근을 기피하는 이유가 되어서는 곤란합니다. 오히려 역발상으로 변동성이 크기 때문에 특히 자산을 다변화하려는 사람들에게 관심을 높이 갖는 투자 자산이 돼는 것이 맞습니다. 수많은 유형의 투자자들이 비트코인을 비롯한 암호화폐의 기본적인 가치에 합의하고, 또 변동성을 더 효과적으로 관리할 수 있게 되면 변동성은 투자에 걸림돌이 아니라 투자를 촉진하는 요인이 될 수 있습니다.

거기다가 가상화폐는 가격 변동 제한폭을 설정하지 않고 있고 24시간 거래가 지속되는 시장입니다. 가상화폐는 24시간 거래가 가능하며 주식처럼 상·하한가 제도가 존재하지 않는다는 특성 때문에 변동성이 심한 이유 중 하나입니다.

투자란 가능성을 보고 판단하는 것입니다. 현재보다 미래에 어떻게 변할 가능성이 있는지를 보고 판단해서 하는 행동이 투자인 것입니다. 비트코인의 높은 변동성을 문제로 받아들이기보다는 시간이 지날수록 가격 움직임이 안정화될 것이며 가치저장 기능으로서 비트코인 효용에 좀 더 긍정적이면 투자 기회들이 존재한다는 사실이 훨씬 더 중요합니다.

가상화폐의 가격 변동성이 문제라고 하면 이것을 해결하는 방법은 의외로 아주 간단합니다. 중앙관리형 코인으로 프로토콜을 누구나 이해하기 쉬운 방법으로 가치를 서서히 안정적으로 유지 상승시키면, 화폐의 기능과 가격 변동성 두 마리 토끼를 한 번에 잡을 수 있습니다.

또 다른 방법은 현재 나와 있는 스테이블 코인으로 바꾸어서 화폐로 사용하면 간단히 해결될 일입니다.

질문 36
가상화폐 개발자들이 마음대로 수량을 증가시킬 수 있나요?

　가상화폐는 블록체인 네트워크 위에서 지불수단으로 사용하는 화폐를 말합니다. 블록체인의 기본적인 특성은 거래내역의 분산화, 투명성, 불변성입니다. 거래내역이 발생하면 그 내용이 포함된 블록이 만들어지고 해당 블록체인에 연결된 모든 노드들에게 배포되어 검증을 받은 후 거래가 확정되어 블록체인에 연결됩니다. 그래서 모든 거래내역을 참여자들이 리얼타임으로 즉시 확인 가능합니다.

　맨 처음 생성된 제네시스 블록부터 가장 최근의 블록까지 거래가 발생할 때마다 암호화된 해시함수의 해시값을 구해서 바로 직전의 블록과 시간 순서로 연결하여 거래를 확정합니다. 어느 순간의 블록의 거래내용이 해킹되어 변조되었다면 모든 검증 노드들에 저장된 내용과 비교하여 거래내역의 정당성을 확정하기 때문에 해킹이 불가능한 것입니다. 반대로 어느 시점의 블록이 생성되어 공유되어 있다면 정상적인 거래가 이루어졌다는 것을 의미합니다.

블록체인은 네트워크에 참가하 모든 노드들이 모든 거래내역을 기록한 거래원장들을 동일하게 복제하여 소유하게 됩니다. 거래기록을 수많은 컴퓨터에 분산해서 저장하기에 중앙집중형 서버시스템에 보관되어 있는 현재 금융시스템에 비해 유지비용이 적게 들고 해킹을 원천적으로 차단할 수 있는 장점이 있습니다.

그래서 모든 신규 블록은 시스템에 참여한 노드들에 의해 상호 검증 확인한 뒤 최종적으로 거래가 확정되어 모든 노드들에 의해 자동동기화 하는 방법을 사용하는 것이 블록체인입니다.

중간에 개발자가 맨 처음 협의에 의해 개발된 숫자 이외의 코인을 다른 노드들 몰래 추가하려고 하는 것은 해킹에 해당됩니다. 다른 노드들이 불법적인 거래내역을 장부정리에서 제외시키므로, 임의적인 가상화폐 수량 늘리기는 원천적으로 개발자조차 불가능합니다.

가상화폐의 가격은 시장의 수요공급의 원리에 의해서 결정됩니다. 현재 가격에서 공급량이 늘어나면 코인 가격의 하락 현상이 생기는 것은 당연합니다. 각 노드들은 거래장부를 승인해주면서 보상으로 받는 것이 코인입니다. 자신들의 이익에 반하는 불법거래 장부를 정상적인 거래로 확정시킬 이유가 전혀 없습니다.

그리고 해당 가상화폐의 개발자 입장도 각 노드들과 같습니다. 개발자도 그 코인을 보유한 하나의 노드입니다. 가상화폐의 수량을 늘리면 본인이 소유한 가상화폐의 가격도 하락하여 자산 가치가 줄어드는 일이 발생합니다. 개발자가 임의대로 코인 수량을 늘리는 것이 기술적으로도 불가능하고 실리적으로도 늘릴 이유가 전혀 없습니다.

다만 가상화폐의 수량을 늘리는 경우는 딱 한 가지 이유뿐입니다. 예를 들어서 현재 사용하는 코인의 가격이 너무 높아서 사용하기 불편한 경우 주식의 액면분할과 비슷한 개념으로 코인의 수량을 늘려서 가격을 낮추고 수량을 비율대로 분배해주는 것이 네트워크에 유리하면 전체의 노드들이 투표로 의사결정을 합니다.

이때는 기존의 블록체인을 폐기하고 새로운 블록체인으로 바꾸어야 합니다. 완전히 새로운 블록체인으로 바꾸는 하드포크라는 방법을 취해야 합니다.

현재 각국의 중앙은행에 의해 유지되는 법정화폐 시스템의 경우는 가상화폐와 완전히 다릅니다. 각국의 중앙은행의 정책적 판단에 따라 임의대로 화폐량을 발행합니다. 보통 양적완화라는 이름으로 해당 정권이나 국가의 이익을 위해 임의적으로 발행합니다.

2008년 미국의 서브프라임 모기지발 세계 금융위기는 미국이 천문학적인 달러를 발행해서 뿌렸기 때문에 발생한 것입니다. 현재 COVID-19로 전 세계 경기가 위축되자 각국에서 긴급구조 생계지원 자금이란 명분으로 지폐를 인쇄해서 뿌렸습니다. 이런 것이 바로 중앙집중식 금융 시스템의 가장 큰 문제점 중 하나라는 것을 우리는 잘 알고 있습니다. 이런 학습효과로 인해 가상화폐도 개발자가 임의적으로 함부로 코인의 개수를 늘리는 것이 아닌가 하는 의구심을 갖게 됩니다.

블록체인은 금융의 민주화를 완성하는 기술입니다. 민주화라는 것은 참여자 모두가 같이 합의에 의해 의사결정을 만들어내는 것만이 유효한 것이 됩니다. 기존의 중앙집중식 금융시스템은 독재입니다. 독재자가 결정하는 것만이 유효한 것이 됩니다.

우리는 알 수 있습니다. 어느 것이 진정한 나를 위한 금융 시스템이 되는지를.

질문 37 특정 코인의 가격이 상승하면 다른 코인들도 오르나요?

코인들 간의 가격변동의 상관관계를 분석해보는 것은 여러 가지로 큰 의미가 있습니다. 어떤 코인의 가격의 변동이 다른 코인의 가격 변동에 영향을 미치는 선행지수로 사용될 수 있기 때문입니다.

알트 코인 간의 가격변동 상관관계를 분석해보는 것은 큰 의미가 없습니다. 다만 프로젝트가 연관된 코인들은 어떤 하나의 중요한 변화가 관련 코인에 영향을 미치는 것은 당연합니다. 그것은 알아보는 방법은 어떤 코인들이 어떤 관계로 연결되어 있는지 인식하고 있으면 간단히 해결되는 문제입니다.

가령 스텔라루멘(XLM) 코인은 리플(XRP)에서 하드포크되어 만들어진 코인입니다. 2021년 초에 미국 증권감독청(SEC)로부터 증권법 위반이라는 혐의로 XRP가 소송을 당하면서 두 개의 코인 가격이 동시에 주춤했습니다. 시간이 지나면서 리플이 법원 소송에서 유리한 고지를 점하고 있는 신호가 여러 군데서 나오자 두 개의 코인 가격이 같이 상승했습니다.

　아래 두 개의 가격변동 그래프를 보면 비슷한 추세를 보이면 움직이고 있다는 것을 알 수 있습니다. 물론 지금은 조금은 특수한 상황이 있습니다만 향후에도 계속 이런 특수한 상황은 발생할 것입니다. 이 두 개의 코인에 관심 있는 투자자라면 두 개를 동시에 잘 관찰할 필요가 있다는 것을 보여주는 좋은 사례입니다.

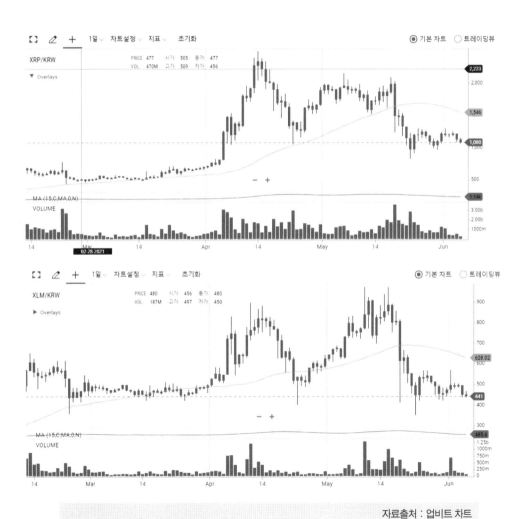

자료출처 : 업비트 차트

비트코인은 가상화폐의 대장주 역할을 하고 있기 때문에 비트코인과 알트 코인 가격변동 상관관계를 파악하는 것에 우리의 주된 관심 사항이 있을 수 있습니다. 비트코인의 가격변동성이 크다는 특징 때문에 특히나 다른 코인들의 가격 변동에 어떻게 영향을 미치는지가 궁금할 수밖에 없을 것입니다.

지금까지의 가격변동 상관계를 보면 상호 밀접한 관계가 있습니다. 비트코인이 가상화폐 시장에서 차지하는 비중이 60%를 넘어가는 상황에서 다른 알트 코인들의 가격이 비트코인 가격변동의 영향을 받지 않을 수 없습니다. 아직까지는 블록체인 산업자체와 관련된 코인들이 대부분이고 어떤 실물경제와 분명하게 연동된 코인들이 거의 없기 때문에 비트코인의 가격변동 방향과 같은 추세로 알트 코인들의 가격이 변동합니다.

물론 가격이 변동할 때 변동율은 서로 많이 상이합니다. 아래 두 개의 그래프에서 2020년 10월 5일 기준으로 비트코인은 최고 4배 정도 상승했고 이더리움은 16배까지 상승한 것을 볼 수 있습니다. 가격변동 그래프의 추세는 비트코인과 같은 모양을 보이며 이더리움 가격이 변동하고 있다는 것을 알 수 있습니다. 가격변동의 추세는 비슷하지만 가격변동 폭은 비트코인에 비해 알트 코인들의 가격변동폭이 크다는 것을 알 수 있습니다.

가격이 상승할 때와 반대로 가격이 떨어질 때도 알트 코인들의 가격하락 폭이 비트코인에 비해 클 것이라는 것을 짐작할 수 있을 것입니다.

향후 가상화폐 시장이 점점 더 정교해지고 다양한 분야의 특화된 가상화폐가 출현하는 방향으로 발전할 것입니다. 따라서 비트코인의 시장 점유율은 점차 축소하는 방향으로 전개되며 비트코인의 영향이 조금씩 줄어들 것은 분명할 것입니다.

특히 실물 유통 경제나 실물 생산경제가 만들어내는 플랫폼에서 발행하는 코인들은 비트코인의 가격변동 영향을 덜 받을 것입니다.

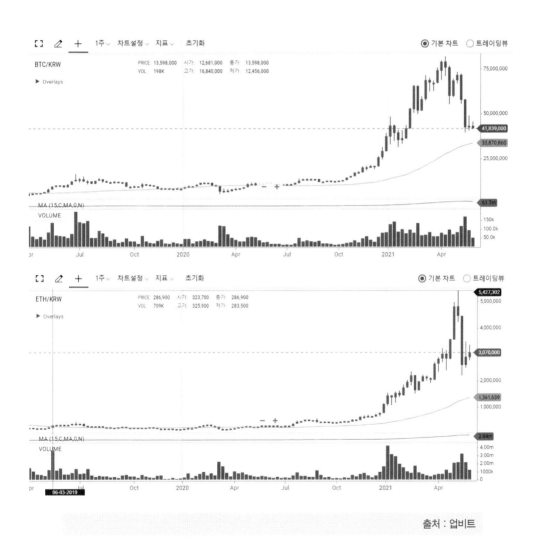

출처 : 업비트

가상화폐를 개발한 회사가 부도가 나면 어떻게 되나요?

가상화폐와 주식의 차이는 여기서 명쾌하게 드러나는 것 같습니다. 주식은 한 회사의 경영성과를 배당받을 목적으로 취득합니다. 회사가 부도가 나면 회계단위가 법률상 소멸함으로 경영성과를 만들어 내지 못하게 되고 성과배당은 존재하지 않게 되고 주식은 당연히 가치가 없는 증서로 변합니다.

가상화폐는 블록체인 생태계 내에서 시스템을 유지하기 위한 내부 수수료 지불수단으로 만들어낸 것입니다. 블록체인의 유용성이 없으면 코인의 가치는 사라지는 것이 아니고 가치가 제로에 수렴하게 됩니다. 한 번 만들어진 블록체인은 전 세계에 연결된 노드들에 존재하기 때문에 사라질 수 없습니다.

비트코인의 개발자는 누구인지 알 수 없습니다. 회사가 부도가 났다는 뜻은 주인이 없어진 것입니다. 비트코인은 처음 출발부터 주인이 없습니다. 하지만 분명하게 가치가 있습니다. 채굴자가 누군인지 모르지만 분명하게 시장에서 전자지갑으로 지불이 일어나고 있습니다. 이것은 마치 금과 같습니다. 금의 개발자나 생산자는 누구인지 모릅니다. 하지만 자연 어디엔가 매장되어 있는 것을 채굴해 가지고 온 광부가 시장에 내놓으면 금 자체는 존재하는 것만으로 가치를 가지게 됩니다. 채굴자가 누구인지는 중요한 문제가 아닙니다.

이것이 퍼블릭 블록체인의 특성입니다. 비트코인과 달리 이더리움의 개발자는 비탈릭 부테린이라고 하는 실명의 자연인이 분명히 존재하는 것을 알고 있습니다. 하지만 부테린은 이더리움의 주인이 아닙니다. 개발해서 블록체인 시스템을 오픈하는 순간 소유권적 지배력은 상실됩니다. 다만 네트워크 유지와 업데이트를 위한 지원을 하는 재단을 만들어서 지원하고 있을 뿐입니다. 부테린이 사망해도 이더리움의 존재는 사라지지 않고 가치를 유지합니다.

다만 비트코인이나 이더리움의 유용성이 없어지면 네트워크상에 존재는 하나 가치가 제로에 수렴됩니다.

퍼블릭 블록체인과 달리 프라이빗 블록체인상에서 만들어진 유틸리티 코인의 경우 개발회사의 경영상의 문제로 회사가 부도가 나면 블록체인은 존재하나 가치가 제로에 수렴하게 될 것입니다. 이 점은 퍼블릭 블록체인의 유용성이 없어져서 가치가 없는 것과 같은 결과입니다.

개발사가 부도나는 문제보다는 처음 개발할 때부터 의미가 없는 코인들이 문제가 있습니다. 어떤 명분을 내세워 코인을 발행했지만 그 명분이 실제적인 경제활동으로 이어지지 않는 경우가 오히려 더 큰 문제를 만들어 내고 있는 것 같습니다. 사실상 그것은 사기와 같은 아주 나쁜 행위이기 때문입니다. 실제로 사업화하지 못하는 것을 알면서도 코인을 발행해서 자금을 모으는 행위는 사실상 사기입니다. 이것은 처음부터 부도가 난 것과 다름없습니다.

투자자들은 투자 시 이 코인의 프로젝트를 면밀히 검토하여 가치 있는 프로젝트인가를 확인해야 합니다. 대부분 눈에 보이지 않는 블록체인 프로젝트를 바탕으로 자금을 모으기 위한 목적으로 ICO를 통해 투자자를 모집하기 때문에 자칫하면 이런 곳에 빠져들기 쉽습니다.

이제는 코인의 개발사가 부도가 나는 문제를 걱정할 단계는 지난 것 같습니다. 특금법에 의해 가상화폐 거래소에 대한 엄격한 법적 기준이 적용이 되기 때문입니다. 사기성 코인들은 거래소에 의해 자연스럽게 걸러지기 때문입니다. 일단 거래소에 상장된 코인은 가치가 갑자기 사라지기가 어려워진다는 뜻입니다. 해당 코인의 가치가 사라지기까지 상당한 시일이 걸려서 가치가 제로에 수렴해가는 과정을 밟기 때문에 어느 누구에게 큰 손실이 발생할 가능성은 없다는 것입니다.

그리고 신뢰를 확보한 페이스북 같은 대기업이 발행하는 코인들이 가상화폐 시장에 출현하기 때문에 신뢰를 가지고 가상화폐를 사용하는 시대에 들어서고 있습니다.

앞으로도 더 좋은 가상화폐가
계속 나올까요?

더 좋은 코인이란 무엇을 말하는 것일까요? 비트코인과 이더리움을 비교해서 어떤 코인이 더 좋은 것인지는 판단을 할 수 없습니다. 이것이 우리의 머리속에 익숙한 상품과 다른 가상화폐의 특성이기도 합니다.

단순히 수익률이 좋은 코인이 더 좋은가 아니면 더 안전한 코인이 좋은가 하는 것은 서로 비교할 수가 없는 문제입니다. 수익률은 어떤 상황 마다 달라지기 때문이며 더 안전한 것인가 하는 문제는 각 코인이 해결하고 추구하는 방향이 틀리기 때문에 비교가 불가능합니다.

비트코인은 개인 간 지불 수단의 목적에만 충실하게 만들어진 블록체인 네트워크의 지불수단이고, 이더리움은 지금까지 서면으로 이루어지던 계약을 컴퓨터 코드로 구현하고 특정 조건이 충족되었을 때 해당 계약이 자동으로 이행되도록 하는 스마트 컨트랙트를 구현하는 목적으로 만들어진 블록체인 지불 수단입니다.

비트코인캐시나 대시코인, 라이트코인은 비트코인의 단점을 개선하여 나온 비트코인 블록체인 코어를 사용하는 코인들입니다. 블록체인 자체로는 비트코인보다 뛰어납니다. 다만 코인의 시장 가격이 비트코인을 앞서지 못하고 있습니다.

애플의 아이폰이 출시되기 전에 스마트폰 시장의 강자였던 노키아나 모토로라의 피처폰들은 지금 모두 세상에서 사라지고 없습니다. 아이폰이 기존의 폰들과 다른 차원의 폰 기능을 구현하여 세상에 출현하자 사용자들은 아이폰을 모두 선택했습니다. 이런 것은 아이폰이 기존 피처폰보다 좋다고 말할 수 있습니다. 당연히 아이폰보다 좋고 패러다임을 바꾸는 스마트폰이 출현하면 아이폰은 사라지게 될 것입니다.

2000년대 초반에 검색 엔진의 중심이었던 야후는 구글에 의해 대체되어 서비스를 중단하며 사라졌습니다. 야후가 제공하는 것을 포함하고 그보다 훨씬 더 양질의 서비스를 제공하는 구글만 사용하면 되기 때문에 야후는 사라질 수밖에 없습니다.

이것이 상품이나 서비스의 특징입니다. 가상화폐와 이 점이 다른 지점입니다. 가상화폐는 지불수단입니다. 다양한 지불수단을 보유하는 데 어떤 수고가 많이 필요하지 않습니다. 오히려 다양한 코인들을 가지고 있는 것이 훨씬 더 이로울 때가 많습니다. 그 용도에 맞게 코인을 사용할 수 있기 때문입니다.

지폐는 지불 수단이지만 보유할 때 많은 수고가 동반됩니다. 그리고 용도는 모두 동일합니다. 다만 지역적 주된 사용지가 틀린 것뿐입니다. 달러는 미국에서 주된 지불 수단이고, 위안화는 중국에서 중심 지불 수단이고,

원화는 한국에서 지불 수단입니다. 중국에 있으면서 한국돈을 가질 필요가 없고 한국에 있으면서 중국돈을 가지고 있을 필요가 없습니다. 둘은 중복 보유하는 이익이 단일한 화폐만을 보유하는 것에 비해 가져다주는 이익이 적고 오히려 보관에 따른 비용만 추가로 발생하게 됩니다.

현재 환경에서 지폐 중 어느 것이 더 좋은 돈인가를 비교를 할 수 있을 것입니다. 전 세계에서 가장 가치가 안정적이고 기축통화로 사용되는 달러가 가장 좋은 돈이고 그 다음이 유로화, 그 다음이 위안화 이렇게 줄을 세우는 비교가 가능할 수 있습니다만 가상화폐는 그렇게 단순히 비교하기가 대단히 어려운 것 같습니다.

마약상들에게는 완전히 익명성이 보장되는 모네로 같은 코인이 좋을 것이고, 재산을 단순히 보유하는 목적이라면 가치 변동이 없는 테더(USDT)와 같은 스테이블 코인이 좋을 것이며 가격의 등락에 따른 시세 차익을 노리는 단기투자자라면 가격 변동성이 높은 코인들이 좋은 코인일 것입니다.

아마도 가장 좋은 가상화폐는 이런 코인일 것입니다.

실물 경제와 잘 연결되어 있고 그 생태계의 시장지배력이 커서 보유 시 자산 증식으로서 목적도 달성할 수 있고 세계 어디서나 안전하게 지불 수단으로 사용할 수 있는 코인이 나온다면 그것이 가장 좋은 코인이 될 것이라고 생각합니다. 필자는 그런 코인은 반드시 출현한다고 생각합니다.

2018년 1월 달에 발표된 일본의 필름 제조회사인 코닥에서 발표한 코닥코인(Kodakcoin)은 사진 작가 중심 블록체인 라이센스 사진에 대한 지불을 위해 계획된 가상화폐입니다. 한때는 세계 필름시장을 대표했던 대기업인 코닥이 개발한 코인이라서 세간의 많은 이목을 집중시켰습니다. 그러나 현재까지 진행된 결과는 크게 성공적이지 못하고 있습니다.

순간적으로 단순히 생각하기에는 코인의 가치가 상당할 것으로 생각될 수 있습니다. 하지만 가만히 깊게 생각해 보면 그리 유용성이 높은 코인이 될 수 없습니다. 코닥이 만들어내는 사진 작가 중심의 플랫폼의 시장 크기가 클 수가 없고 일부 사람들에 의해 사용되는 유틸리티 코인입니다. 코닥 코인의 가치가 커져서 그 가치가 그 플랫폼 외부로 확장될 가능성이 많지 않은 코인입니다.

가상화폐는 개발하기는 쉽지만 가치를 입히는 일은 어렵습니다. 돈은 인류 최고의 발명품이라는 말이 새삼 실감 납니다.

공짜로 받은 코인은
안전한가요?

"공짜 점심은 없다." 세계적인 경제학자 밀턴 프리드먼이 한 말로 경제학의 고전이 된 명언입니다. 공짜처럼 보이지만 공짜가 아닌 것이 경제적 가치를 가질 수가 있을 뿐입니다.

정말로 공짜로 얻은 것은 세상 어떤 것도 가치를 가질 수가 없습니다. 가치가 없는 것의 안전함을 염려할 필요는 없겠지요. 황금조차도 세상 모든 사람들에게 공짜로 나누어준다면 가치를 가질 수가 없습니다. 경제의 기본 원칙 중 하나는 희소성의 법칙이 작동하기 때문입니다.

1324년 아프리카 마리의 왕자 만사 무사는 부인 800명과 노예 1만2000명, 낙타 100마리와 함께 메카로 성지 순례를 갔다고 합니다. 그는 황금이 얼마나 많았던지 여행 도중 만나는 가난한 사람들에게 황금을 나누어주었습니다. 성지 순례가 끝나고 귀국하는 길에 이집트 카이로에서 잠시 머무르면서 기록에 의하면 11톤이나 되는 금을 카이로에서 마구 뿌렸다고 합니다. 이로 인해 카이로의 금값 폭락으로 한동안 카이로 경제가 망했습니다.

어떤 이유로 인해 무슨 행동을 하면 받는 가상화폐는 기회비용의 대가로 받는 코인입니다. 가령 개인정보를 제공하였거나 아니면 어떤 행위의 특성을 제공하는 대가로 받은 코인일 가능성이 큽니다.

그 코인이 목적으로 하는 프로젝트에 그런 데이터가 필요하기 때문에 데이터를 얻기 위해 지급받는 코인은 절대 공짜가 아닙니다. 가치가 있는 어떤 정보를 주고받은 교환에 의해 취득한 것입니다. 그것은 우리가 채굴과 같은 본질적 의미를 가지고 있는 것입니다. 비트코인의 채굴에서도 채굴 장비와 전기요금을 내면서 거래내역을 승인해주는 대가로 받는 것이 비트코인입니다. 채굴이란 재산적 가치가 있는 것을 제공하고 대가로 받는 코인을 취득하는 행위를 채굴이라고 포괄적으로 정의하면 맞습니다.

가상화폐의 안전은 블록체인이 책임을 집니다. 블록체인을 바탕으로 개발된 가상화폐는 그 자체가 안전한 것입니다. 해킹으로부터 안전하다는 뜻입니다. 프로젝트의 건전성의 여부는 프로젝트를 수행하는 방식이나 내용을 면밀히 체크해야 합니다. 단순히 개인의 정보를 취득하기 위한 사기 목적으로 만들어진 코인인지 아니면 카카오처럼 개인의 정보를 바탕으로 새로운 산업을 일으키는 프로젝트인지 살펴보아야 한다는 뜻입니다.

블록체인 디지털 플랫폼 시대에는 개인의 정보 하나하나가 모두 디지털 데이터로 변환되고 인공지능의 원료가 되어 가치 있는 빅데이터로 변환되어 산업의 요소로 작동되는 자산이라는 개념이 등장했습니다.

네이버나 카카오 같은 중앙집중식 플랫폼에서 개인들이 제공하는 개인 정보를 대가로 재산적 가치가 있는 것으로 보상을 주지 않기에 개인은 개인정보의 가치를 생각하지 못하고 무심코 개인정보를 제공합니다. 하지만 플랫폼 회사들은 그것을 이용해서 막대한 돈을 벌어들입니다.

개인이 자기 정보를 스스로 관리할 기술이 있고 개인 정보가 모두 디지털 자산화가 가능한 기술이 있다면 자산은 그 자체가 가치 있는 것이기 때문에 시장에서 거래를 하는 일이 가능해지는 것입니다.

카카오의 자회사 그라운드X에서 클레이튼 블록체인을 2019년에 발표했습니다. 2020년 6월에 카카오톡 내에서 클레이튼의 지갑을 만드는 사람들에게 50개의 클레이튼(KLAY) 코인을 지급했습니다. 코인원 거래소에 상장된 클레이튼이 한때 5000원까지 올라갔습니다. 전자 지갑 하나 만드는 데 오히려 돈 25,000원을 받고 나의 정보를 제공한 것입니다. 그라운드X에서 요구하는 정보는 이메일, 휴대폰 번호 그리고 이름이 전부였습니다.

지금까지 우리의 생각을 기준으로 보면 공짜로 받은 코인 같은데 재산적 가치가 있는 코인을 받은 것이고 그라운드X는 나의 정보를 가지고 사업을 운영하여 돈을 그 이상 벌 수 있기 때문일 것입니다.

뒤에 사례로 소개하는 코즈볼 플랫폼에서는 인공지능 피부스캔 어플로 자기 피부 상태를 매일 아침 측정할 수 있습니다. 그래서 자기 피부 상태에 맞는 화장품 솔루션을 제공받습니다. 그 어플을 사용하는 것만으로도 개인들에게는 큰 도움이 됩니다. 코즈볼에서 피부를 스캔할 때마다 코즈볼 코인(CTP)을 보상으로 지급합니다. 카카오와 달리 매일 지급합니다.

그것은 코즈볼이 개인들의 피부 데이터를 가지고 빅데이터로 재해석해서 화장품 산업에서 큰 돈을 벌기 때문입니다.

향후 이와 같은 다양한 형태의 플랫폼 코인이 출현하면서 마치 공짜로 얻는 느낌의 코인이 다수 출현할 것입니다.

인플레이션과 가상화폐 가격은 관계가 있나요?

어느 신문 기사에서 인플레이션의 공포가 가상화폐 시장을 덮쳐서 비트코인이 4% 이상 가격이 급락했다는 기사가 나왔습니다. 미국의 2021년 5월 물가는 전년 동월 대비 4% 상승하고 전월 대비 0.8% 상승하며 코로나로 인해 달러를 인쇄해서 4000조원 이상 뿌린 결과로 예상한다고 했습니다.

같은 해 2월 영국 파이낸셜타임스(FT) 기사는 비트코인 가격 상승의 원인을 전 세계적으로 풀린 코로나 구제금융으로 시중에 공급된 현금으로 인한 물가상승의 헤지 수단으로 전문가들은 분석하고 있다고 보도했습니다.

그런데 불과 3개월 만에 비트코인의 가격 변동과 인플레이션의 관계를 완전히 정반대로 의견을 내는 현상이 생겼네요.

헤지펀드로 유명한 레이 달리오는 인플레이션을 헤지하기 위해 비트코인을 매수했다고했습니다. 그는 현금은 쓰레기라고 할 정도로 현금을 인정하지 않습니다. 또한 최근 개최된 한 컨퍼런스 행사에서 비트코인이나 이더리움 등 가상화폐는 금과 같은 위상을 가질 것으로 예상했습니다. 특히 인플레이션 시나리오에서 비트코인은 매력적인 저축 장치가 될 수 있다 고도 했습니다.

역사적으로 인플레이션 최고의 헤지 수단인 금과 비트코인 가격 변동관계를 살펴보면 같은 방향으로 가격이 변동하고 있다는 것을 알 수 있습니다. 순간적으로는 조금 불일치를 보일 수 있지만 장기적으로는 같은 추세를 보이고 있는 것을 알 수 있습니다.

2021년 4월 연세대 경제연구소 최상엽 경제학부 교수팀은 인플레이션과 비트코인의 관계를 연구한 결과를 발표했습니다. 시중에 현금 유동성이

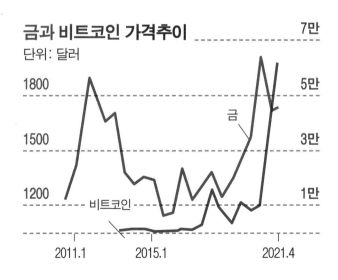

자료 : EOD히트토리컬데이터

넘쳐 화폐가치가 급락하면 비트코인이 피난처가 될 수 있다는 결과가 나왔다고 발표했습니다.

연구 보고서에서 2010년 7월~2020년 12월 비트코인 가격과 미국 증시(S&P500) 변동, 물가지수, 공포지수(VIX) 등 데이터를 가지고 분석한 결과 물가가 0.1%p 올라갈 때 비트코인 가격은 약 9% 상승하는 흐름을 보여서 비트코인이 인플레이션 헤지 수단으로 기능한다고 주장했습니다.

비트코인은 이미 전 세계적으로 가치 있는 자산으로 지위를 인정받았습니다. 안전하고 유용성과 희소성이 있는 비트코인은 금과 같은 안전자산으로 이미 검증을 받았다고 보는 것이 맞습니다.

제 4 장

가상화폐
채굴하기

채굴기의 가격은 얼마이며
수명은 어느 정도인가요?

　비트코인을 포함해 대부분의 작업증명방식(POW, proof of work)의 가상화폐들은 블록체인 네트워크의 정상적인 운영을 위해 채굴방식으로 보상을 지급하도록 설계되었습니다. 네트워크에 컴퓨터의 연산능력을 제공하고 일련의 해시함수를 만들어서 블록을 생성하여 보상을 얻고 싶은 사람은 채굴기를 준비하여 참여하게 됩니다. 채굴기의 구성은 소프트웨어와 하드웨어로 구성된 컴퓨터 장치입니다. 전자는 말 그대로 채굴 연산을 수행하는 소프트웨어이며, 후자는 그 소프트웨어를 구동하기 위한 하드웨어를 말합니다.

　비트코인의 채굴은 초창기부터 지금까지 지속적인 난이도의 상승에 따라 요구되는 컴퓨팅 연산능력이 점점 더 높아지고 있습니다. 2009년 첫 제네시스 블록은 노트북 정도의 CPU 연산능력을 가지고도 충분했습니다.

10분당 50BTC의 채굴보상을 받았습니다. 사토시 나카모토는 100만 개를 먼저 채굴하고 채굴 소스를 오픈했습니다. 그때 사용했던 채굴기는 나카모토 혼자 했기 때문에 아마도 일반 데스크탑 수준의 채굴기를 사용했을 것으로 보입니다. 약 4개월 정도에 걸쳐서 혼자 먼저 채굴을 통해 100BTC를 확보했을 것입니다. 지금 한국돈으로 환산하면 약 430조원 정도입니다.

비트코인에 사용되는 SHA-256 해시 알고리즘은 그 특성상 CPU보다 GPU를 이용한 연산이 압도적으로 빠릅니다. 즉 같은 시간 동안 일을 해도 보상으로 받는 코인의 숫자가 많다는, 돈을 더 많이 번다는 얘기입니다. 따라서 GPU 채굴기를 이용한 채굴 붐이 일어나기 시작했고 2014년 정도까지 이런 추세가 지속되었습니다. 하지만 ASIC를 이용한 채굴 장비가 등장하면서 GPU 채굴기는 서서히 시장에서 퇴출당하기 시작했습니다. ASIC 채굴기는 주문형 반도체를 채용한 채굴 전용 컴퓨터 장치입니다. 오로지 채굴 연산만이 허락된 단순한 컴퓨터 장치입니다.

초창기에는 비트메인(Bitmain) 사의 앤트마이너(Antminer)를 필두로 한 ASIC 채굴장비들은 채굴시장을 완전히 대체하기에 이르렀습니다. 2020년에는 왓츠마이너(WhatsMiner) 사의 M21S까지, 채굴장비는 더 높은 성능으로 발전했습니다.

채굴기는 시간당 전력 사용량이 3.3kw를 넘나들 정도의 어마어마한 전기먹는 하마입니다. 이런 전기 사용으로부터 나오는 열은 장비의 수명을 단축시키는 치명적인 문제라서 냉방장치를 가동해 이 열을 식혀야만 합니다.

이런 고열로 인한 열손상과 24시간 365일 가동되는 가혹한 환경에서 동작되는 채굴기의 수명은 기존의 일반적 환경에서 사용되는 컴퓨터의 수명과 비교할 수 없을 정도로 짧습니다.

채굴기의 수명도 문제지만 유지보수를 전문적으로 해줘야 성능 저하없이 채굴의 효율을 유지할 수 있습니다. 그래서 요즘은 개인적인 채굴은 거의 없어지고 전문적인 채굴을 하는 기업에 의뢰하여 채굴을 진행하고 있습니다.

사용 된 오래된 광부 WhatsMiner M21S 56T 광부 M21S Sha256 광부 Asic BTC BCH BCC 광업 기계보다 S9 S11 S15 T17 S17 Z15

★ ★ ★ ★ ★ 5.0 ⌄ 1 리뷰 1 주문

₩ 8,089,190

₩ 3,430 신규 사용자 쿠폰 쿠폰 받기

수량:

1 ⌄ 1개만 남았습니다

무료배송
DHL을(를) 통해 Korea(으)로 ⌄
예상 배송 날짜: 7-13일 ⑦

즉시 구매   카트에 넣기   ♡ 61

75일 구매자 보호
결제 금액 환불 보증

출처: 채굴기 쇼핑몰 https://ko.aliexpress.com/

채굴기를 대량으로 조립해서 채굴해도 괜찮을까요?

  가상화폐 채굴시장은 경쟁이 대단히 치열한 시장입니다. 2018년 초에 비트코인의 가격 하락으로 전 세계 비트코인 채굴 회사들이 줄줄이 도산하는 현상이 생겼고, 채굴기 중고 시장에 채굴기들이 쏟아져 나와 채굴기 가격이 급락했습니다.

  2020년 말부터 다시 비트코인 가격이 급상승하면서 비트코인 채굴시장은 과열되기 시작하였습니다. 급기야 비트코인 채굴기에 사용되는 반도체 수요가 급증해서 일반 산업에 필요한 반도체의 품귀현상이 빚어지는 일도 생겼습니다.

  채굴시장이 이렇게 상황이 급변합니다. 일반 개인들이 이런 시장에서 생존하기란 거의 불가능합니다. 2017년 한국에 생겼던 대형 채굴장들이 매스컴을 통해 홍보를 하는 것을 간간이 볼 수 있었습니다만 요즘에는 전혀 그런 홍보물을 볼 수가 없습니다. 이것은 경쟁에서 밀려난 채굴장들이 사업에서 철수했다는 것을 반증합니다.

당시에 비트코인 가격이 급증한 탓에 채굴업체도 덩달아 우후죽순처럼 생겼습니다. 가상화폐 가격이 급등하는 시기에 경쟁적으로 설립하면서 그래픽카드 등 채굴장치를 비싼 가격에 사들인 탓에 2018년 가격의 폭락으로 수익을 맞출 수가 없었던 것입니다. 당시 채굴장비에 들어가는 AMD 사의 그래픽카드 RX580 8GB 모델 가격은 60만원까지 치솟았습니다. 그것도 구하기 어려워 시장에서는 선입금까지 하며 제품을 구해달라고 애걸복걸하는 일이 비일비재했다고 합니다.

결국 가상화폐 가격이 높아야 채굴장들이 채산성을 확보할 수 있는 것이 채굴시장의 구조라는 것을 알 수 있습니다. 가상화폐 가격 폭락으로 적자를 버티다 못한 채굴장들이 야반 도주하면서 50만~60만원에 사들인 그래픽카드를 중고 처분할 때는 4만원 정도 받았습니다. 특히나 채굴 전용 ASIC채굴기는 일반용 컴퓨터로 사용할 수도 없어서 500만원이 넘게 팔리던 채굴기가 급기야 4만원 수준까지 떨어졌다고 하니 그때의 심각한 상황이 이해됩니다.

특히나 한국은 전기요금이 누진제를 적용하고 있습니다. 한국에서 채굴장을 운영하며 사용하는 전기요금제는 일반용 요금제를 사용해야 합니다. 상대적으로 저렴한 산업용이나 농사용 전기를 사용할 수 없습니다.

개인들이 채굴기를 직접 구입해서 채굴시장에 진입하는 것은 화약을 짊어지고 불속으로 뛰어드는 것과 같다고 할 수 있습니다.

채굴에 투자하면 확정 이익을 준다고 하는데 믿어도 될까요?

앞에서도 설명했듯이 채굴시장은 경쟁이 치열하고 수익의 변동폭포 대단히 큰 시장입니다. 그런 시장에서 채굴에 투자해서 확정 수익을 보장해 준다고 하는 것은 일단 문제가 생길 가능성이 높습니다.

한국은 은행업을 허가받지 아니한 자가 원금의 보장이나 확정 수익을 보장하며 금전을 수수하는 행위를 금지하는 유사수신 금지법이 있습니다. 대단히 엄격하며 처벌 수위도 높습니다.

초기에는 이와 같이 채굴을 빙자하여 금융 사기를 치는 업체들이 많았습니다. 간혹 정상적으로 채굴풀을 운영하여 다단계로 투자자들을 모집하여 운영하다가 채굴 수익을 주지 못하고 도산하는 사례도 상당수 있었습니다. 결국 채굴을 빙자하여 투자금을 받는 행위는 좋은 결과를 가져올 수 없는 산업구조라는 것을 잘 이해하는 것이 중요합니다.

요즘 매스컴을 뜨겁게 달구고 있는 4조원대 가상화폐 사기극이라고 나오는 거래소 얘기가 있습니다. 600만원을 투자하면 3배의 확정수익을 몇 개월 내에 매주 주겠다는 내용의 투자 유인책입니다. 검찰의 압수수색이 완료되었고 수사와 재판이 진행되는 과정이라 결정은 나오지 않았지만, 확정된 수익을 준다고 하는 것 자체가 문제가 있습니다. 변화무쌍한 가상화폐 시장에서 일정한 수익을 확정적으로 주는 일은 정말 어렵기 때문입니다.

이 사례는 채굴을 빙자하지 않았지만 본질은 채굴과 같습니다. 나의 자산을 대가로 지불하고 거래소에서 매입하는 코인을 투자자의 지갑으로 넣어줍니다. 채굴은 투자에 대한 보상이 본질입니다. 비트코인이나 이더리움은 해시값을 구하는 채굴기를 동작시키는 행위가 채굴이며 일정한 투자를 지분으로 가진 투자자가 거래내역을 확정시켜 주는 노드 역할을 하는 지분증명방식의 EOS는 또 다른 채굴방식을 구현합니다.

증권 부동산 IT Car 금융 산업 유통 정책 정치 사회 국제 오피니언

사회 >

4조원 사기 코인 거래소 '브이글로벌'... 피해자 집단 소송 예정

김소희 기자
입력 2021.05.31 22:27

지금 시중에서 파일 코인이라는 이름을 가지고 채굴을 권장하는 다단계 회사들이 여러 곳에서 활동 중입니다. 파일코인은 IPFS(InterPlanetary File System)를 토대로 네트워크에 인센티브를 추가해 만든 스토리지 공유 시스템입니다. 다시 말해 분산형 파일 시스템에 데이터를 저장하고 인터넷으로 공유하기 위한 프로토콜을 파일코인이라고 할 수 있습니다.

파일코인을 개발한 회사는 프로토콜 랩스(Protocol Labs)라는 회사입니다. 다단계 형식으로 채굴 투자를 권유하는 회사가 한국에 여러 개 있습니다. 개발 본사에서 다단계 형식으로 채굴을 확산시키면 안심하고 투자해도 되겠지만 이름도 낯선 회사들이 채굴을 다단계로 자기 이름으로 진행한다는 것은 채굴의 특성상 쉽지 않습니다. 채굴은 치열한 생존경쟁 시장이기 때문입니다. 점차 시간이 지나면서 파일코인 채굴 다단계 회사들의 문제가 노출되는 것 같습니다. 약속된 코인을 제대로 지급하지 못한다는 얘기가 들려오기 시작합니다. 채굴 난이도의 상승으로 초창기 구입했던 채굴기의 성능이 뒤처져서 예상한 코인의 채굴량이 나오지 못하는 경우도 많을 것입니다.

결국 비트코인이나 이더리움의 채굴을 빙자해서 확정된 수익을 약속하는 다단계 방식이든 아니면 본질은 채굴이지만 조금 형식을 달리해서 거래소의 형식을 빌려 하든, 확정된 수익을 약속하는 방식은 결과가 좋지 않은 것이 대부분이라는 것이 사실입니다.

직접 채굴과 마이닝풀 투자, 어느 것이 이익이 큰가요?

비트코인 채굴은 SHA256 암호화 연산 방법을 적용하였고 총량은 2100만 개입니다. 그리고 반감기는 21만째 블록이 생성될 때마다 반(1/2)으로 줄어들게 프로그램되어 있습니다. 현재 다수의 마이닝풀은 사용자 외에 블록에서 발생한 이체 수수료를 채굴자들에게 분배합니다.

채굴을 시작하려면 채굴기, 전원 케이블, 채굴을 관리하는 컴퓨터 등 채굴장비를 모두 준비하고 여러 마이닝풀 중에서 마이닝 계정을 생성하고 채굴 주소를 얻어야 합니다. 예를 들어 바이넨스 마이닝풀(주소 stratum +tcp://bs.poolbinance.com:3333)로 들어가서 채굴주소를 얻은 다음 채굴설정을 완료해야 합니다.

일단 채굴 준비하는 과정이 너무 복잡해서 전문가들이 아니면 쉽지 않습니다.

채굴과정에 너무 많은 전기가 소모되어 가정집에서는 누진제 전기요금을 감당하기 어려워 불가능하다고 생각하는 것이 맞습니다. 한전의 주택용 전기요금제의 최고구간인 400kw를 초과하면 kw당 약 300원 정도의 전기요금을 납부해야 합니다.

시간당 3.4kw의 전기가 소모되는 중국 MicroBT의 Whatsminer M21S 채굴기의 경우 한 달 약 74만원 정도의 전기요금이 나옵니다. 비트코인을 채굴해서 한 달 수익은 약 50만원 정도(비트코인 개당 가격 5000만원 기준) 입니다. 채굴하면 할수록 손해이며 채굴기 유지보수비와 수명까지 감안하면 개인이 채굴하지 않는 것이 훨씬 유리합니다.

결국 개인이 채굴하는 것보다는 채굴 전문 마이닝 풀을 선택하여 채굴에 참여하는 것이 훨씬 더 유리합니다. 마이닝풀을 선택할 때는 수익의 분배 방식과 수수료, 풀의 크기 등을 우선 고려하고 서버의 응답 시간도 대단히 중요한 요소 중 하나입니다.

먼저 수익 분배 방식과 수수료가 수익에 제일 많은 영향을 미칩니다. 마이닝풀마다 조금씩 차이가 있으며 어떤 코인을 채굴하는지에 따라 수수료와 수익 분배 방식의 차이가 조금씩 있습니다. 다음에는 풀의 크기를 고려해야 합니다. 풀의 해시파워 포지션이 클수록 수익이 안정화됩니다. 풀이 작으면 채굴이 성공할 때 마다 얻는 보상은 크지만 채굴 빈도수가 적어서 결국 수익이 적을 수 있습니다. 풀이 크면 채굴 시 얻는 보상은 적다 할지라도 채굴 회수가 많아서 수익이 커집니다. 그리고 간혹 블록이 동시에 생성되는 경우가 발생합니다. 이때 더 큰 풀에서 생성된 블록이 더 빨리 전파되어 정식 블록으로 채택될 가능성이 더 높다는 점도 있습니다. 마지막으로 서버 응답시간도 중요합니다. 서버의 응답시간이 느리면 블록을 생성해도 전파하는 데 시간이 오래 걸리게 되고 생성한 블록이 채택될 확률이 낮아집니다. 보통 지리적 위치가 가까울수록 서버 응답시간이 짧아지기 때문에, 지리적으로 가까운 국가의 마이닝풀에 많이 참가합니다.

채굴에 참여하려면 아래 도표에 보이는 풀에 회원으로 가입하여 채굴을 하는 것이 여러가지로 훨씬 이익입니다.

아래 사진은 채굴풀들의 해시파워 비중을 보여줍니다. 결국 풀의 크기를 나타내는 도표가 됩니다.

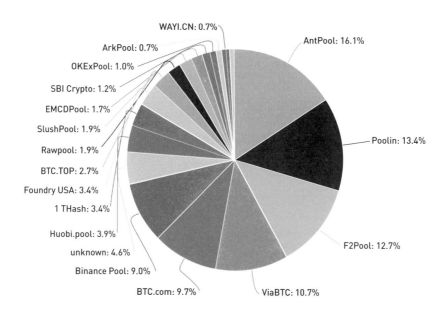

출처 : BTC.com

질문 46

각 코인마다
채굴 방식이 다른가요?

그렇습니다. 각 코인마다 추구하는 프로젝트의 목표가 다르기 때문에 그 목표에 맞추어 채굴방식을 정하기 때문에 다양한 채굴방식을 사용합니다.

먼저 블록체인 종류별로 나눌 수 있습니다. 비트코인·비트코인 캐시·비트코인SV, 라이트코인과 같은 비트코인 계열이 있고, 이더리움·이더리움 클래식·카르다노와 같은 이더리움 계열, 리플과 스텔라 루멘의 리플 계열 등 이렇게 블록체인 메인넷 중심으로 나뉘어집니다.

모네로, 대시, 지캐시 등과 같이 익명성을 중요시하는 코인들은 독립적인 블록체인을 사용합니다.

발행방법을 기준으로 채굴형 코인과 발행형 코인으로 나뉘고, 채굴형 코인은 다시 작업증명 방식, 지분증명 방식으로 나뉘어집니다.

용도에 따라 유틸리티 코인, 결제 코인 등으로 나누기도 합니다.

비트코인에서 채굴의 정의는 채굴기의 연산활동을 통해 비트코인의 거래내역을 기록한 블록을 생성하고, 그 대가로 비트코인을 얻는 행위를 말합니다. 하나의 비트코인을 얻기 위해서는 마치 금광에서 자본과 노동력을 투입해 금을 캐는 것처럼 많은 시간과 노력이 필요한 일련의 작업과 같은 방식이기 때문에 채굴이라고 표현했습니다. 개인 간 발생하는 거래내역을 10분마다 확정시켜 블록을 생성하여 이전의 블록에 연결하여 네트워크에 참여한 다수의 참여자들과 합의를 만들어내는 활동 전체를 채굴이라고 정의했습니다. 새로운 블록을 만들어 내는 것이 채굴의 핵심이며, 이것은 특정 컴퓨터가 암호화된 해시값을 풀어내는 연산작업을 통해 만들어지게 됩니다.

채굴의 본질은 것은 가치 있는 자산과 노동력과 시간을 투자해서 코인을 취득하는 경제활동 전체를 의미한다고 보면 맞습니다.

가상화폐에서 합의 알고리즘은 모든 블록체인 네트워크의 핵심적인 요소로서, 분산화된 시스템의 무결성과 보안을 유지시키는 역할을 합니다. 맨처음 합의 알고리즘이었던 작업 증명(PoW, Proof of Work)은 비트코인 개발자인 사토시 나카모토에 의해 설계되었으며, 비트코인에 적용됐습니다.

이더리움은 현재는 작업증명 방식의 채굴을 하고 있지만 블록체인의 속도를 높이기 위해 지분증명 방식의 합의 알고리즘을 사용합니다. 지분증명 합의 알고리즘은 2011년, 작업 증명의 대안으로 개발되었습니다. 지분증명은 작업증명과 유사한 목표를 공유하지만, 특별히 새 블록을 검증하는 데 있어서 몇 가지 근본적인 차이와 특이점이 있습니다. 간단히 말해서 지분증명 합의 알고리즘은 작업증명의 채굴 과정을 참여자의 스테이크에 따라 블록을 검증하는 것으로 대체합니다. 각 블록의 채굴자는 할당된 채굴기의 연산 능력이 아닌 가상화폐에 대한 지분으로 투자한 금액에 의해 결정됩니다.

마지막으로 발행형 코인들이 ICO를 통해 투자자를 모집하거나 코인 이코노미에서 플랫폼 회원들의 어떤 행위에 대한 보상으로 지급하는 활동 모두 채굴의 형태라고 볼 수 있습니다. 모두 가치 있는 것을 투자해서 그 대가로 코인을 얻는 행위이기 때문입니다.

어떤 채굴방법을 사용하느냐가 중요한 점이 아니라 프로젝트를 성공하기 위해 자기에게 맞는 채굴방법을 사용하는 것이 가장 중요한 점입니다.

우리들은 자신에게 맞는 채굴방법을 선택해서 가장 경제적인 방법으로 채굴에 참여하면 그것이 정답이라고 할 수 있습니다.

채굴 난이도에 따라 가상화폐의 시세가 다른 것인가요?

채굴 난이도는 채굴자가 새로운 블록을 생성하기 위해 암호를 풀게 되는데, 이 암호의 어려움 정도를 수치로 내는 것을 말합니다.

채굴 난이도는 비트코인 네트워크의 거래를 검증하기 위해 방정식을 해결하기 위해 필요한 노력을 말합니다. 비트코인이 인기가 높아 시간이 지날수록 채굴자들의 숫자가 늘어나서 난이도가 높아지고 비트코인을 보상으로 받는 채굴 경쟁은 치열해진다는 의미가 됩니다. 반대로 난이도가 낮아지면 채굴자들의 참여가 높아져서 다시 난이도가 상승하는 방향으로 이동합니다.

가상화폐 채굴은 채굴기의 해시레이트(해시파워)와 관련이 높습니다. 해시레이트(hashrate)는 채굴기의 연산처리 능력을 측정하는 단위로, 해시속도를 의미합니다. 작업증명(PoW) 합의 알고리즘을 사용하는 모든 가상화폐에서 사용하는 단위입니다. 일반적으로 해시레이트가 높다는 말은 채굴기의 연산량이 많아서 더 빠른 채굴이 이루어집니다.

당연히 해시레이트는 시간이 흐를수록, 참여자가 늘어날수록 상승하게 됩니다. 채굴 난이도와 같은 정방향의 값을 가집니다. 2021년 비트코인 네트워크 채굴 해시레이트는 약 150EH/s 정도 됩니다. 이 해시레이트는 한화 약440조원 정도의 채굴기가 비트코인 네트워크에 연결되어 채굴을 위한 연산작업을 하고 있다는 뜻입니다. 채굴기 기준은 Whatsminer M21S 56T(대당 가격을 약 800만원) 기종입니다.

그래서 비트코인 네트워크는 단위 시간당 일정한 수의 블록이 생성되도록 항상 난이도를 조정합니다. 2016개의 블록을 생성하는 데 소요되는 시간을 14일로 기준을 잡고 있습니다. 예를 들어 2016개의 블록을 생성하는 데 1주일 걸린다면 난이도를 2배로 증가시켜서 네트워크를 작동합니다.

채굴은 제품을 생산하듯이 제조원가의 개념이 있습니다. 난이도가 상승하여 채굴 경쟁이 치열하다는 것은 채굴원가가 상승한다는 의미입니다. 채굴원가의 상승은 당연히 비트코인 가격의 상승으로 연결됩니다.

금광에서 금을 채굴할 때 금광의 깊이가 깊어지면서 채굴원가의 상승을 가져옵니다. 수요만 있으면 채굴원가는 당연히 금 거래 가격의 상승으로 연결되는 것이 시장의 원리입니다.

아래 그림은 비트코인의 난이도 변동과 비트코인 가격의 변동을 표시한 그래프입니다. 난이도는 2018년을 기점으로 급속히 증가했습니다. 채굴자들의 참여자 수가 늘었다는 뜻이며 해시레이트가 증가했다는 뜻입니다. 비트코인의 가격과 정비례하지 않지만 가격도 난이도와 비례하는 방향으로 상승했다는 것을 알 수 있습니다.

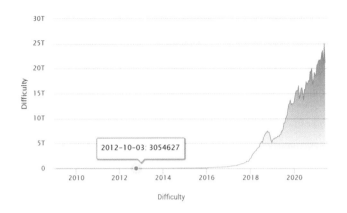

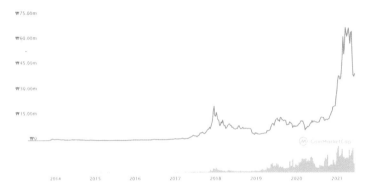

출처 : BTC.com (난이도), 코인마켓캡 (가격)

집에서 데스크탑으로
채굴이 가능한가요?

　어느 일간 매체에서 아르헨티나가 암호화폐 채굴의 중심지로 떠오르고 있다고 하는 소식을 보도했습니다. 아르헨티나 전기요금은 kw당 0.022달러(한화 26.4원)로 상당히 저렴해서 다른 나라의 채굴 전문기업들이 아르헨티나로 모여들고 있다고 합니다. 한국의 가정집 전기요금과 비교하면 10배 이상 저렴해 가정집에서도 비트코인 채굴을 하고 있다고 합니다.

　한국에서는 절대적으로 불가합니다. 특히나 일반 데스크탑PC 한 대로 현재의 난이도의 비트코인을 한 개 채굴하려면 50년 이상 걸릴 것으로 전문가들은 계산하고 있습니다. 어쩌면 아예 채굴이 안 될 수도 있습니다.

　2013년 이전 난이도가 낮을 때는 간혹 집에서 취미로 비트코인을 채굴하는 사람들이 전 세계적으로 상당히 많았습니다. 지금은 비트코인의 가격이 상승하면서 난이도가 올라가 전문 채굴풀을 만들어서 채굴을 감당하고 있는 상황입니다.

이더리움의 채굴은 지금까지 가정집에서 많이 이루어지고 있습니다. 난이도가 아직은 집에서 채굴을 할 정도여서 채산성이 조금 있습니다. 하지만 이것도 이더리움이 지분증명으로 바뀌면 끝납니다. 당장 2021년 9월에 이더리움 난이도가 급속히 올라갈 난이도 폭탄이 준비되고 있다고 하니 유념해야 합니다.

비트코인이 모두 채굴되면 어떻게 되나요?

　비트코인은 2140년까지 2100만 개의 비트코인이 모두 채굴되게 프로그램되어 있습니다. 2009년 첫 채굴 때 10분당 50BTC의 보상이 4년마다 반으로 줄어드는 반감기가 있습니다. 이렇게 보상이 줄어들면서 채굴이 완료되는 시점이 있고 현재까지 약 1873만 개 정도 채굴되어 유통되고 있습니다.

　10분마다 생성되는 블록 안에 주어지는 채굴 보상은 크게 두 가지로 이루어져 있습니다. 하나는 프로그램된 해당 반감기에 나오는 보상과 10분간 비트코인 거래가 발생하면서 발생한 수수료 이렇게 두 개의 보상입니다.

　아래 표에서 보상(Block Reward)은 6.25BTC이고 거래수수료(fee reward)는 0.27411236BTC가 10분 만에 생성된 블록에 보상으로 들어왔다는 뜻입니다.

　채굴이 모두 완료되면 송금수수료에 의해 채굴자들의 수익이 결정됩니다. 채굴자는 자신이 생성하는 블록에 다른 사람들의 거래내역을 반드시 포함할 의무가 없습니다. 비트코인을 다른 사람에게 보내는 송신자는 거래 수수료를 자발적으로 지불함으로써 거래 속도를 높이고 채굴자들이 노드를 운영하려는 동력이 생기게 됩니다. 여기서 수수료는 거래소에서 매수매도에 의해 발생하는 거래수수료가 아니고 비트코인 블록체인의 근본적인 네트워크 구조에서 발생하는 수수료는 송금 수수료입니다. 송금수수료는 제로일 수도 있습니다. 송금자들이 많지 않고 이럴 때는 송금자가 수수료를 0원을 설정해도 송금이 될 수 있습니다. 하지만 지금은 거래를 처리해야 할 내용들이 많아지면서 수수료를 높게 지불하는 거래부터 먼저 처리하게 되어 수수료 없이 송금하는 거래는 거래내역에 포함되지 않을 확률이 높습니다. 이제는 비트코인이 다양한 플랫폼에서 기축통화로 자리

잡은 상황이라 수수료 없는 비트코인 송금은 있을 수 없다고 보는 것이 맞습니다. 이것이 결국 비트코인이 일상 생활 속의 지불수단이 될 수 없는 결정적 이유일 수도 있습니다. 금과 같이 가치를 저장하는 용도의 기능을 담당하고 큰 금액을 빠른 시간 내에 P2P로 전송하는 것은 달러도 따라올 수 없는 비트코인만의 장점입니다.

현재는 일상 속의 지불수단이 어려울 뿐입니다. 비트코인 자체의 유용성은 금과 달러 어느 것도 비교가 안 될 정도입니다. 비트코인의 존재 이유가 분명히 있기 때문에 가치를 인정받고 있습니다.

가상화폐의 최소 거래단위가
소수점 8자리인 이유는?

　비트코인을 개발한 사토시 나카모토는 한 가지 화폐로 소액결제를 쉽고 편리하게 할 수 있는 방법을 고안해야만 했습니다. 지금의 지폐 지불수단은 소액 결제가 가능하도록 1원, 5원, 10원, 50원, 100원, 500원 동전으로 시작해서 지폐 천원권부터 오만원권까지 세분화되어 있어 소액결제가 간단하게 이루어질 수 있습니다. 물론 지금은 100원짜리 동전도 발행하지 않고 있어서 문제가 조금 있지만, 어쨌든 소액결제가 편리합니다.

　비트코인은 소액결제를 위해 소수점 8자리까지 분할할 수 있게 만들어서 이 문제를 완벽하게 해결했습니다. 비트코인 하나가 5억까지 가격이 상승한다고 전망하는 금융전문가들이 있는 가운데 소수점 8자리까지 사용할 날이 얼마 남지 않았다는 생각도 해볼 수 있습니다.

　소액결제의 중요성은 단순히 상품을 사고 파는 결제 편의성 측면에서만 중요한 것이 아닙니다. 세계은행(World Bank)은 2020년 선진국에 나가 일하는 개도국들의 해외 노동자들이 자국으로 송금한 금액이 5540억 달러(한화 약 665조원)나 된다고 발표했습니다. 이렇게 어마어마한 금액이 소액 송금으로 국제 간 이체가 되고 있습니다.

비트코인은 화폐로서는 완벽하게 좋은 일상용 화폐는 아닙니다. 소수점 8자리까지 분할될 수 있는 비트코인 최소 단위는 0.00000001 BTC이며 이것을 1 satoshi라고 부릅니다. 1 satoshi는 약 0.5원(비트코인 5000만원 기준)입니다.

0.5원짜리까지 계산할 수 있는 화폐로서 훌륭하다고 생각할 수 있으나 0.5원을 송금하기 위해서 0.0005BTC (한화 약 25,000원)의 송금 수수료가 발생합니다. 그리고 물건을 파는 사람이나 받는 사람 모두 소수점 이하 자리수가 맞는지 헤아리는 데 소요되는 시간 비용이 발생합니다.

하지만 비트코인이 보여준 소수점 8자리까지 소액 분할한다는 것은 가상화폐가 대단히 편리하게 사용할 수 있는 가능성을 보여준 것이 분명합니다.

여기서 잠시 좋은 화폐의 조건은 무엇인가 생각해보는 것이 좋을 것 같습니다. 우리는 화폐 그 자체에 대한 이해가 너무 없다는 사실을 분명히 인식하고 있어야 합니다. 아직도 우리 사회 지식인들이 사이에서 "도대체 비트코인의 가치는 무엇으로 담보하죠?"라고 물어보는 사람들이 많습니다. 그런 사람들에게 그럼 달러와 같은 지폐는 무엇으로 담보하냐고 물어보면 다양한 여러 가지 답이 돌아오는 것을 종종 봅니다. 하지만 어느 누구 하나 국가 권력에 대한 신뢰가 가치를 담보한다고 하는 사람이 없습니다. 즉 정부가 돈을 국민으로부터 빌리는 충분한 신뢰와 신용이라고 답을 하는 사람들을 볼 수가 없습니다. 돈을 버는 방법을 연구한 책은 많은 데 "돈이란 무엇인가"라는 본질적 질문에 답을 정리한 책은 찾아볼 수가 없다는 것입니다. 특히 경제학이나 금융을 전공한 전문가들이 비트코인을 의심의 눈초리로 보는 경향이 훨씬 더 강합니다. 누구나 신념에 가까울 만큼 확고한 의견은 좀처럼 포기하지 않는다는 사실을 다시 한 번 확인할 수 있습니다.

아래 표는 필자가 화폐가 가져야 할 필요충분 조건을 정리한 것입니다. 필자의 주관대로 세 가지 화폐를 가지고 등수를 매긴 다음 최고 낮은 점수를 받은 것이 비트코인인 것을 확인했습니다. 화폐의 분할성은 비트코인을 꼴등으로 줬지만 사실은 1등일 것입니다. 지금은 다소 불편하지만 단점을 충분히 개선하여 사용하기에 편리하게 만들 수 있을 것입니다. 여기서 비트코인은 가상화폐의 대표명사로 보여주었다고 생각하면 됩니다.

구분	내구성	휴대성	분할성	대체성	인지성	희소성	합계	비고
법정화폐	1	2	2	3	2	1	11	
비트고인	3	3	3	2	3	3	18	
금	2	1	1	3	1	2	11	

2015년 10월 이민정책연구원에서 발표한 보고서에 의하면 국내 외국인 근로자가 우리나라에서 외국으로 송금할 경우, 송금 수수료는 3~30달러의 송금은행 수수료, 송금액의 1~1.5% 정도의 환전비용, 3~10 달러의 전신환 수수료, 15~20달러의 중간 은행 수수료, 16~30달러의 수신은행 수수료 및 송금액의 1~1.5% 정도의 현지화 환전 비용 등으로 구성됩니다. 송금액과 상관없이 최소한 38달러에서 90달러가 소요됩니다. 저임금 외국인 근로자들이 보내는 송금액을 고려하면 매우 높은 비율입니다.

2013년 체류 외국인 실태조사(법무부)에 의하면 일반 고용허가제하에 들어온 15개국 외국인 근로자의 93.0%, 방문취업제로 들어온 동포들의 경우 67.7%가 본국에 송금하고 있다고 합니다.

아래 그림은 지폐 시스템을 가지고 국내에서 해외로 송금할 때 제3자 매개기관들의 루트를 보여주는 해외 송금 시스템입니다.

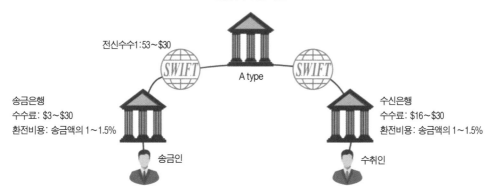

송금거래비용(2013년 6월 말)

총 송금거래비용($38~$90) = 송금은행수수료($3~$30) + 전신환(TT) 수수료 ($3~610) + 상환 혹은 중개은행($15~20) + 수신은행 수수료($16~$30) + 환전비용

상환(Reimbursement Bank) 혹은 중개은행(intermediary Bank)
전신수수1:53~$30

전신수수1:53~$30

SWIFT   A type   SWIFT

송금은행
수수료: $3~$30
환전비용: 송금액의 1~1.5%

수신은행
수수료: $16~$30
환전비용: 송금액의 1~1.5%

송금인   수취인

자료: Remittance services in the Republic of Korea(Kang and Lee, ILO.2014)에서 재인용

가상화폐는
유통기한이 있나요?

가상화폐는 상품권과 같은 유통기한이 정해져 있는 유가증권과는 완전히 다른 독립된 개체로 존재하는 금과 같은 성질을 가지고 있는 지불 수단입니다. 미국 텍사스 주지사 그레그 에보트는 2021년 6월 5일 "블록체인 법안에서는 가상화폐는 교환의 매개체, 거래의 단위 또는 가치 저장의 기능을 하며 블록체인 기술을 사용한 디지털화된 가치를 의미한다"고 규정하고 있습니다.

2009년 1월 비트코인 블록체인 네트워크는 13년의 시간이 지나가는 동안 한 번도 시스템이 파괴된 적이 없는 신뢰할 수 있는 안전한 시스템인 것이 증명되었습니다. 가상화폐는 해당 블록체인 시스템이 존재하는 한 유통은 안전하게 된다는 뜻입니다.

가상화폐는 어떤 정부의 기관이나 기업을 신뢰하는 것이 아니고 블록체인이라는 기술을 신뢰하는 것으로부터 만들어진 지불 수단입니다. 지폐는 신뢰받는 국가의 권력으로부터 신뢰의 근거를 확보하고 금은 역사적 경험을 근거로 희소성과 물질의 특성을 신뢰받아서 가치저장의 수단으로 신용을 가지고 있습니다.

가상화폐는 프로토콜 플랫폼에 참여한 사람들 사이에 신뢰를 얻으면 그것으로 지불수단이 되는 것입니다. 비트코인은 비트코인 플랫폼의 참여자 사이에서 신뢰를 얻었기 때문에 채굴자들이 자본을 투자하며 채굴을 하는 것입니다. 이더리움은 이더리움 프로토콜 플랫폼에 연결된 참여자들의 지불수단으로 신뢰를 받았기 때문에 그 자체로 가치를 가집니다. 이더리움 블록체인을 이용해 다양한 어플리케이션을 만들어낼 수 있는 유용성이 검증된 블록체인이 증명되었습니다. 그 블록체인을 사용하기 위해서 사용료를 지불해야 하는데, 그 지불 수단이 이더리움입니다.

비트코인이나 이더리움이 거래소에 상장되어 일반인도 취득할 수 있는 길을 만들어주었으며, 일반인들 사이에도 전자지갑만 있으면 가치를 교환할 수 있는 편리함이 있다는 것이 증명되었습니다.

프로토콜 플랫폼 내에서 가치가 있음이 증명되었고 그것이 플랫폼 외부로 확장되어 보편성을 확보하게 된 것입니다.

따라서 가상화폐는 해당 블록체인의 유용성이 사라지는 순간이 유통기한이 다 되었다고 할 수 있습니다.

스마트폰으로 채굴하는 코인, 내 개인정보는 안전한가요?

스마트폰으로 채굴하는 코인의 종류는 한정적일 수밖에 없습니다. 비트코인이나 이더리움 등 메이저 코인들은 경쟁이 치열하여 많은 해시파워를 필요로 하기 때문입니다. 간혹 스마트폰으로 이런 대표적인 코인들을 채굴한다고 하며 회원가입을 권유하는 사례가 있는데, 믿지 않는 것이 좋습니다.

실제로 스마트폰 전용 채굴 코인을 개발한 회사가 있습니다. 기존 블록체인은 많이 성장했고 실생활에 접목하는 사례도 나오고 있는데 아직도 블록체인 네트워크 시스템을 유지하는 데 과도한 전력소비 및 고가의 장비의 필요 등 비용지출이 증가함에 따라 유지에 어려움이 따르며, 모두가 사용할 수 있는 디지털 화폐로서 기능을 수행하지 못하고 있습니다.

이런 문제를 해결하기 위해 2018년 MIB (Mobile Integrated Blockchain)

메인넷을 개발하여 발표했습니다. 아직까지 이렇다 할 확실한 성과를 내고 있지는 못하지만 향후 발전방향이 기대됩니다.

그리고 요즘 스마트폰으로 채굴을 하는 코인 중에 CTP 토큰이라는 것이 있습니다. 코즈볼이란 브랜드를 가지고 '개인별 매일 맞춤화장품'의 개념을 제안하며 시중에 나온 화장품 회사가 코인 이코노미 플랫폼을 만들어서 그 생태계 내에서 기축통화로 사용하고자 발행한 것이 CTP 토큰입니다. 이 토큰을 취득하기 위해서는 코즈볼 어플을 다운받아서 설치한 후 그 어플을 사용해 자기 얼굴 피부 상태를 측정하면 됩니다. 어플은 당일 자기 피부 상태에 맞는 화장품 솔루션을 제공하고, 보상으로 CTP 토큰이 휴대폰 전자지갑으로 자동 지급됩니다.

이것도 채굴의 본질적인 속성을 잘 수행하고 있는 채굴 방법입니다. AI의 발달로 인해 개인 정보는 경제적 가치가 있는 디지털 자산으로 변합니다. 채굴의 본질적 의미는 가치 있는 자본을 투자하여 대가로 코인을 받는 행위라고 할 수 있습니다. 코즈볼 회사는 개인 피부 생체 데이터를 가지고 블록체인 빅데이터로 만들어서 화장품 산업과 관련 산업의 발전에 기여한다고 합니다.

이때 개인정보 보호 문제가 대두됩니다. 개인정보를 부당한 방법으로 사용하는 사례는 수도 없이 많기 때문에 요즘은 개인정보 보안에 더욱 예민해진 상황입니다. 2020년 12월 개인정보 보호법이 제정되어 위법 행위에 대해 엄격하게 다루고 있기 때문에 요즘 인터넷 쇼핑몰이나 네이버 등 플랫폼 기업에서 개인정보 관리를 더욱 철저하게 관리하고 있습니다. 하지만 해킹에 의한 고객 정보 탈취는 막을 수 없어서 항상 신경이 곤두서 있습니다.

코즈볼은 개인의 피부 데이터를 블록체인에 저장한다고 합니다. 블록체인의 특성으로 인해 일단 해킹으로부터 안전합니다. 블록체인에 저장된 피부 데이터의 개별 속성은 암호화되어 저장되기 때문에 어느 누구도 개인의 개별적 속성을 알 수가 없습니다.

스마트폰으로 코인을 채굴한다고 하는 개념은 바람직한 방향입니다. 단지 그 프로젝트를 수행하는 회사가 실체가 있고 신뢰할 수 있는 회사인지 파악하고 그 프로젝트의 현실성이나 시장의 크기 등을 파악하여 채굴에 참여하는 지혜를 발휘하면 좋습니다.

잘 모른다고 지레 겁먹지 말고 침착하게 깊이 있게 관련 프로젝트를 파악하는 용기가 필요합니다. 처음에 만나는 것은 모든 것이 낯설은 법이고 이상해 보입니다. 이상한 것이 아니고 다른 것일뿐입니다. 다른 것은 세상을 바꾸어 놓는 경우가 대부분입니다.

자동차가 처음 나왔을 때는 마차만큼 빠르지도 못해서 이상해 보였고, 비행기는 200미터도 못 날아 가서 쓸모 없어 보였고, 아이폰(스마트폰)은 너무 비싸서 안 팔릴 줄 알았습니다.

질문
53

채굴 수익률과 투자 수익률,
어느 쪽이 좋을까요?

두 가지 투자 방법의 수익률을 직접 바로 비교하기에는 변수가 너무나 다양합니다.

2021년 5월 23일 모 일간매체에 제주도 원희룡 지사에 관한 기사가 실렸습니다. 원 지사가 100만원으로 비트코인, 이더리움, 클레이튼 등 4개의 코인을 매수해서 4일 동안 수익률은 -20%를 기록했다고 인터뷰했습니다. 원 지사는 가상화폐 세상에 대한 이해의 폭을 넓히기 위해 학습용으로 투자했다고 하며 거래소에서 트레이딩을 통해 수익을 목표로 하는 행위는 투기라고 말했습니다.

주식 거래소에서 주식 매매를 하는 것은 투기가 아니고 코인 거래만 투기라고 하는 기준이 애매합니다. 본인이 돈을 잃어서 투기라고 하는지 그 기준은 알 수 없습니다.

주식을 전문적으로 거래하는 사람은 주식 투자라고 합니다. 가상화폐를 전문적으로 거래하는 사람도 투자자라고 해야 서로 균형이 맞을 것 같습니다.

가상화폐 거래소의 트레이딩을 통한 수익률은 상승장일 경우 수익률이 높은데 하락장일 경우 수익률이 낮은 현상을 보입니다. 코인 거래가격 제한폭이 없어서 일반 소액 투자자들은 FUD(Fear Uncertainty Doubt)에 의해 손절하여 매도하는 경우가 다반사라고 합니다.

2021년 4월 자본시장연구원에 발표한 보고서인 '코로나19 국면의 개인투자자 거래 행태와 투자 성과'에 의하면 주식이 완전히 상승장임에도 불구하고 많은 사람이 손실을 보았다고 발표했습니다. 보고서에는 국내 주요 증권사 4곳의 표본 고객 20만 명 대상 중 신규 투자자는 30%인 6만 명으로 집계됐습니다. 손실을 본 투자자들은 신규로 주식을 투자한 젊은 투자자와 남성, 소액투자자들이었다고 합니다. 10명 중 6명이 손실을 보고, 그중 1000만원 이하 소액투자자의 손실률이 가장 컸다고 했습니다.

주식 시장이 상승할 때는 FOMO(Fear of missing out)에 의해 이미 상승한 종목을 살 확률이 높습니다. FOMO 현상은 종목을 보유하지 못한 상태에서 가격이 올라갈 것 같은 공포를 이야기합니다. 상승장에 그 종목을 보유하지 않으면 나만 빼놓고 모두 다 돈을 벌고 있는 것만 같은 느낌 때문에 고평가된 주식을 매수하게 됩니다

하락장에서는 FUD(Fear Uncertainty Doubt) 현상에 의해 손해 보고 매도합니다. FUD 현상은 내가 산 종목이 하락할 것 같은 공포를 말합니다. 주로 하락장에서 심하게 느끼고, 내가 보유한 종목이 휴지조각이 되는 것 아닐까 하는 강한 두려움을 느낀다고 합니다.

가상화폐는 가격의 변동폭이 주식보다 훨씬 크기 때문에 일반인들이 거래소의 트레이딩을 통해서 수익을 내는 것이 절대로 쉽지 않다는 것을 분명하게 인식해야 합니다.

채굴 수익률은 코인마다 상이합니다. 메이저 코인은 이미 늦은 상황이라 채굴 투자는 바람직한 방향이 아닙니다. 신규 코인들 중 바람직한 코인을 채굴하거나 아니면 ICO에 참가하는 것이 유망합니다. 채굴이나 ICO는 당장 돈이 되지 않습니다. 적어도 몇 년간 보유하고 그 프로젝트가 활성화될 때 돈이 된다는 것을 명심하고 임해야 합니다.

금방 수익이 난다고 하는 코인들은 거의 모두 사기 스캠으로 끝나고 말았습니다.

투자의 귀재로 이름난 메리츠증권의 존 리 대표는 단타로 돈 번 사람을 본 적이 없다고 했습니다. '3년 미만의 투자는 모두 단타'라고 정의를 내렸습니다. 즉 투자로 이익을 보려면 적어도 3년 이상을 기간을 생각하고 투자해야 한다는 뜻입니다.

가상화폐는 세상의 산업을 재편하는 데 근본적인 지불수단으로 자리잡는 것은 확실한데 어떻게 이런 변화 속에서 내가 수익을 낼 수 있을 것인가를 고민한다면 3년이란 시간은 그리 길지 않은 시간인 것 같습니다.

제 5 장

화폐와 투자자산의
갈림길에 선
가상화폐의 미래

CBDC가 나오면 기존 코인은
투자 가치가 있을까요?

CBDC는 'Central bank digital currency'의 약어로, 각국의 중앙은행이 블록체인을 기반으로 가치변동이 없는 지폐를 대체할 화폐를 말합니다.

2021년 4월에 한국은행이 발표한 '2020년 지급결제보고서'에 따르면 2021년 올해 6월부터 2022년 1월까지 CBDC가 통용되는 가상환경을 구축해 실전 모의실험을 진행할 계획이라고 밝히고 있습니다. 한은은 CBDC가 나올 경우 비트코인 등 기존 가상화폐들이 담당하는 결제 기능의 일부를 대체할 것으로 기대하고 있는 것 같습니다.

CBDC에 가장 적극적이며 이미 작년부터 시범 사용을 여러 도시에서 실시한 바 있는 중국의 인민은행은 중국 양대 결제업체인 알리페이(Alipay)와 위챗페이(WeChat Pay)보다 디지털 위안화를 더 우월한 결제 수단으로 적극 홍보하고 있습니다.

무창춘 중국 인민은행 디지털통화연구소장은 한 온라인 패널 토론회에서 알리페이와 위챗페이가 중국 모바일 결제시장의 98%를 차지하고 있어, 문제가 발생하게 되면 국내 금융 시스템에도 리스크가 생긴다고 주장했습니다. 또 중앙은행이 알리페이, 위챗페이와 직접 경쟁할 생각은 없지만, 그들에게 무슨 일이 생길 경우에 대비해, 재정 안정을 보장하기 위한 백업 역할을 한다고 했습니다.

2021년 6월 5일 영국 런던에서 열린 G7재무장관 회의에서 스테이블 코인은 강력히 제재하고 올해 말까지 CBDC 표준을 만들어 국경을 초월한 결제를 강화해야 한다고 발표했습니다.

CBDC가 각 나라에서 실제 발행되어 나올 날이 얼마 남지 않았기 때문에 비트코인 등 가상화폐와는 어떤 관계를 맺으면서 세상에 존재할 것인가 하는 문제가 초미의 관심거리로 등장했습니다.

가상화폐와 CDBC는 사용용도가 다릅니다. 서로 세상의 문제를 해결하는 내용이 다르기 때문에 둘 다 존재해야만 합니다. 가치를 보증하는 것이 있느냐 없느냐 하는 것은 이제 논란의 대상에서 제외되어야 합니다. 모두가 신뢰를 기반으로 작동하는 화폐이기 때문에 그 점은 동일하다는 것입니다.

가격 변동성이 심한 가상화폐는 지불수단으로서의 기능에 치명적 약점이 있고 CBDC는 이 점이 뛰어납니다.

가상화폐는 국제 간 결제가 용이합니다. CBDC는 국제 간 결제가 용이하지 않습니다. 각국마다 자국의 CBDC가 있기 때문입니다. CBDC는 지폐를 전자적 형태로 바꾸어 중앙은행 화폐 시스템을 효율적으로 개선한 것 이외 다른 것은 없습니다.

가상화폐는 자체의 프로토콜 플랫폼 내에서 사용되는 기축통화입니다. 자체 가상화폐가 있어야 플랫폼이 효율적으로 동작하기 때문에 가상화폐는 필수적입니다. 프로토콜 플랫폼은 경제발전에 기여합니다. 그리고 경제 단위가 국가 단위, 지역 단위를 넘어서 국경이나 지역적 한계가 없는 인터넷 블록체인인 기반의 플랫폼 생태계 단위로 확장되었습니다. 각 경제 단위별 플랫폼의 효율적 동작을 위해서 각각 다른 통화 시스템이 필요합니다. 비트코인 블록체인 플랫폼은 비트코인이, 이더리움 블록체인 플랫폼은 이더리움이, 그리고 코즈볼 참여형 상생경제 생태계에서는 CTP 토큰이 필요합니다.

CBDC는 투자의 개념이 없습니다. 사람들이 경쟁적으로 소유할 이유가 없습니다. 가치를 저장하고 투자를 해야 할 수단이 필요합니다. 이것이 금이 존재하는 이유입니다. 가상화폐는 금의 존재이유와 상당한 부분이 중복됩니다. 오히려 가상화폐가 금에 대한 수요를 많이 잠식할 것으로 예상됩니다.

앞에서 살펴본 바와 같이 CBDC는 자국의 화폐 시스템을 효율적인 화폐형태인 CBDC로 개선한다는 의미만 있습니다. 반면 가상화폐는 국제적인 지불을 하기에 훨씬 유용하고 가치변동이 있는 투자자산으로서 가치가 있습니다.

일각에서는 CBDC가 일상화되면 가상화폐가 많이 위축될 것이라고 예측하기도 하지만, 오히려 디지털 화폐의 사용법을 일반화하는 효과가 있어서 반대로 가상화폐의 활성화를 더욱 촉진할 가능성이 대단히 높을 것으로 예상합니다.

페이스북의 코인,
디엠은 성공할까요?

월 이용자 24억 명이나 되는 세계 거대공룡 페이스북이 2019년 6월 17일에 가상화폐 리브라 발행을 공식발표하는 대사건이 발생했습니다. 가상화폐가 아직도 거품이냐, 아니냐 하는 논쟁이 한참 일고 있는 가운데 페이스북이 세계 기축통화의 위치를 차지하겠다고 하면서 발표했기 때문에 세계는 놀라지 않을 수 없었습니다. 리브라 컨소시엄에 마스터카드, 비자, 우버, 페이팔 등과 같이 쟁쟁한 기업들도 참여했기 때문에 세계의 이목이 집중되지 않을 수 없었습니다.

마크 저커버그는 2018년 1월 5일 자신의 페이스북 계정에 "가상화폐 연구를 해서 페이스북상에서 좋은 일에 쓰겠다"라고 하면서 자신의 의사를 밝힌 적이 있습니다. 그로부터 1년 5개월 정도 지난후에 대대적으로 밝힌 것이 '리브라'라는 이름의 스테이블 코인이었습니다.

필자는 성공 가능성이 희박하다고 점쳤고 그 덕분에 주위로부터 많은 핀잔을 들었던 기억이 생생합니다. 세계 초일류 기업이 야심 차게 준비해서 발표한 프로젝트를 어찌 안 된다고 보는가 하는 것이 필자를 공격하는 주된 논리였습니다.

필자는 돈을 속속들이 이해한다는 것이 이렇게 어려운 문제구나 하는 생각을 했습니다. 세계적인 석학들이 페이스북 연구소에 즐비할 텐데 어떻게 이렇게 말도 안 되는 내용으로 프로젝트라고 발표를 했는가 하는 생각도 들었습니다.

페이스북은 돈이란 것은 사회 전반적으로 자연스럽게 받아들여지는 시간이 무조건 필요하다는 속성을 가지고 있다는 것을 간과했습니다. 마치 주식과 같은 개념으로 생각한 듯싶습니다. 주식과 같이 IPO 하고 나면 미래 예상 가치를 보고 사러 오는 사람들이 몰려들고 팔아 치우기만 하면 끝이다라는 생각을 한 것 같습니다.

스테이블 코인은 가격 변동이 없는 코인입니다. 당장 페이스북 코인이 필요한 사람이 어디 있습니까? 리브라 코인이 없었던 시간에는 어떤 불편함이 있었나요? 가상화폐는 물건이지 주식이 아닙니다. 물건은 인간이 살아가는 데 어떤 불편함이나 어떤 물건이나 서비스의 문제점을 해결한 결과물입니다. 그 물건이 상거래를 하는 데 편리하게 작동하니까 사용자들에 의해 자연스럽게 받아들여지는 것뿐입니다. 일반 대중들이 리브라 코인을 취득하려고 서두르지도 않습니다. 서둘러서 득이 없기 때문입니다.

그다음으로 페이스북이 모른 것이 화폐 단위는 국가 단위에서 움직이고, 국가는 화폐 시스템을 장악해서 조세로 운영되는 힘의 단위라는 것입니다. 달러가 기축통화의 역할을 하고 있는 이 상황을 깨뜨리고 개인 기업이 발행한 코인이 기축통화가 된다고 하는 야심을 보였는데 미국 금융당국에서 가만히 있을 리가 없습니다.

미국 상·하원은 즉시 회의를 열어 청문회를 개최하면서 "리브라가 9·11 테러보다 나쁘다"라는 극단적 표현까지 써가면서 페이스북을 비난하기 시작합니다. 전 세계 재무장관이나 중앙은행장들은 리브라 코인을 좋은 눈으로 볼 수가 없습니다.

이렇게 가정해 보면 금방 이해가 쉬울 수 있습니다. 각국이 발행한 CBDC와 리브라가 동시에 각국 시중에서 잘 통용되고 있다고 하겠습니다. 그러면 사람들은 어떤 것을 주로 사용할까요? 리브라를 사용하지 않을까요? 리브라는 국내외 어디든지 사용이 가능하고 CBDC는 국내에서만 사용이 되기 때문입니다. 그러면 각국 정부들은 자국민들이 돈을 사용하는 내역을 추적하기가 힘들어지는 것은 뻔한 일이 됩니다.

전 세계 모든 국가들이 이구동성으로 페이스북을 비난하는 대열에 동참하면서 리브라 프로젝트는 무기한 연기되었습니다. 또 다시 디엠이라는 이름으로 2021년 10월경 발행된다고 합니다. 아주 조용히 발표된다고 하는데요.

페이스북 리브라 코인의 사례를 보면서 돈의 본질적인 면에 대해 통찰력 있게 알기는 너무 어렵다는 사실을 깨달았습니다. "돈이란 무엇인가"라는 질문에는 전문가도 일반인들도 당황해하기는 마찬가지라는 사실입니다.

코인에 세금을 매긴다면, 주식을 하는 게 낫지 않을까요?

한국 정부는 비트코인 등 가상자산에 대해 애초에는 2021년 10월 1일 이후 거래분에 대하여 과세하려고 하였으나 가상자산사업자 신고와 거래내용 구축 과세 인프라 마련 등 사실상 한계에 부딪혔습니다. 그래서 2022년 1월부터 비트코인 등 가상화폐에 대한 기타 소득세 부과가 시행됩니다. 가상화폐로 연 250만원을 초과한 소득을 올리면 초과한 금액의 20%를 세금으로 납부해야 합니다. 국회 기획재정위원회는 2020년 11월 30일 전체회의를 열고 소득세법, 개별소비세법 등 세법개정안을 의결했습니다. 소득세법개정안에 따라 가상화폐 등 가상자산을 기타소득으로 분류해 과세하기로 공표했습니다.

실제 실행에 들어가서는 당분간 큰 혼란이 발생할 것 같습니다. 가상화폐를 취득하는 과정이나 방법이 그리 단순하지 않기 때문에 소득 발생의 기준에 대한 논란이 많아 일선 행정에서 갈등이 심할 것입니다.

주식에 부과되는 금융투자소득세는 2023년부터 양도 차액이 5000만원이 넘을 경우 20%의 과세가 부과되는 데 비해 가상화폐에 대한 세금은 너무 과중한 것 아닌가 하는 의견들이 많습니다.

하지만 세무당국은 가상화폐의 양도차익에 대한 과세는 해외 주식이나 비상장 주식 등의 과세 체계와 유사한 수준이라고 합니다. 2023년부터 해외·비상장 주식은 양도차익에 20% 세율(3억원 초과 시 25%)을 적용한다고 합니다.

세금을 무서워하기보다는 안전한 가상화폐 투자 환경을 만드는 것이 훨씬 더 바람직할 것으로 생각됩니다. 국가에서 세금을 걷겠다고 나서는 배경은 가상화폐가 마약이나 도박과 같은 불법적 거래가 아니라는 것을 이해했다는 반증입니다.

자연스럽게 건전한 가상화폐 시장 질서를 유지하기 위한 법률이 제정되어 무분별한 가상화폐의 남발을 방지하고 바람직한 프로젝트들이 밝은 곳에서 성장할 수 있게 만들어가는 것이 투자자들에게 더 좋을 것 같습니다.

우리나라에서는 현재 어떤 코인 된다, 안된다에 대한 가이드가 불명확합니다. 일본은 금융청에서 승인한 코인을 상장한 거래소만 운영이 가능합니다. 가상화폐의 채굴, 투자, 매매 등 일련의 투자 행위는 주식이나 기타 자산의 투자 행위와 같이 자기 책임하에 신중하게 판단할 필요가 있는 것은 당연합니다.

특정금융거래정보법(특금법)과 시행령은 가상화폐 거래소에 대한 규제가 중점적인 법안인데, 이 법조차 자금세탁방지 시스템을 비롯한 가상화폐 거래소의 안전성 검증을 사실상 시중은행에 떠맡겨 놓은 법입니다.

가상화폐에 대한 세금 법안이 입법되고 투자자 보호에 대한 원성이 자자하자, 드디어 2021년 5월 7일 여당의원들 중심으로 가상화폐 거래소 등 가상자산 사업자의 금융위원회 인가나 등록을 의무화한 '가상자산업법 제정 안'이 발의됐습니다. 무인가 영업 시 최대 5년 이하의 징역형이나 5,000만 원 이하의 벌금에 처하고, 불공정 거래 부당 이득을 몰수 추징하는 내용도 담겼습니다.

이 법은 가상화폐 이용자를 보호하기 위한 첫 번째 입법안이라는 것에 큰 의미가 있습니다. 향후 좀 더 섬세하게 투자자 보호를 위한 내용으로 보완될 것으로 봅니다.

가상화폐에 대한 법이 완성이 되고 투자환경이 좀 더 투명하게 되면 투자자들이 많이 늘어나게 될 것입니다.

소득 있는 곳에 세금은 있어야 합니다. 세금은 소득이 있은 다음에 고민할 문제입니다. 안전하고 수익률이 어느 종목이 더 좋은가 하는 것을 잘 고려하여 자기 스타일에 맞게 투자하는 습관을 몸에 익히는 것이 가장 최선의 방법입니다.

장기투자나 단기투자에 좋은 코인이 따로 있나요?

코인에 따라 투자전략이 달라지는 것이 아니라 시장환경에 탄력적으로 유연하게 대응하는 것이 투자자의 올바른 자세입니다.

먼저 투자는 이익을 얻기를 기대하며 자원을 분배하는 행위를 말하는 것입니다. 금융 시장에서 투자는 보통 훗날 더 높은 가격에 팔려는 희망을 갖고 금융 상품에 투자하는 과정을 포함합니다.

트레이딩과 다르게 투자는 보통 수익의 실현을 위해 장기적인 접근 방식을 취합니다. 앞에서 메리츠증권의 존 리 대표의 말대로 3년 이상 기간을 두고 하는 투자를 말합니다. 투자자들의 장기적인 접근 방식 특성상, 이들은 대개 단기적인 가격 변동을 걱정하지 않습니다. 따라서 단기적인 손실에 대해 지나치게 걱정하지 않으며, 비교적 소극적인 상태를 유지할 것입니다.

트레이더와 투자자는 모두 금융 시장에서 이익 창출을 추구합니다. 그러나 목표 달성을 위한 이들의 방법은 상당히 다릅니다. 트레이더는 시장 변동성에서 이익을 얻고자 합니다. 트레이더는 보다 자주 포지션에 진입하고 빠져나오며, 각 거래를 통해 보다 적은 수익을 추구할 수 있습니다.

트레이딩 기법 중에 스캘핑은 상대적으로 작은 가격 움직임에서 이익을 얻고자 하는 트레이딩 전략입니다. 스캘퍼는 엄청난 수익을 목표로 삼지 않습니다. 그 대신 작은 가격 움직임으로부터 계속해서 수익을 올리고자 합니다. 스캘퍼들은 단기간 동안 작은 가격 움직임과 시장의 비효율성을 찾아 많은 거래를 할 수 있습니다. 스캘핑은 이와 같이 적은 수익을 계속해서 누적함으로써, 시간이 지남에 따라 상당한 이익을 축적하는 것입니다.

특정한 뉴스 또는 기초적 사건으로 인해 관심이 높아진 주식 또는 코인은 보통 높은 거래량과 많은 유동성을 동반할 것입니다. 적어도 특정 기간 동안은 말입니다. 이때가 바로 스캘퍼가 진입하여 변동성이 커진 시장에서 이익을 창출할 수 있는 시점입니다.

요약하자면, 스캘퍼는 보다 큰 가격 움직임이 아닌 단기간에 폭발적으로 증가하는 변동성을 이용합니다. 이는 모든 이들에게 이상적이지는 않은 전략일 수 있는데, 스캘핑에는 시장 매커니즘에 대한 높은 이해와 더불어 재빠른 의사 결정이 필요하기 때문입니다.

다른 모든 전략과 마찬가지로, 시장에 대한 자신만의 고유한 강점을 갖는 것이 성공의 핵심입니다.

스캘핑은 시장에서 작은 기회들을 찾아 이를 이용하는 것입니다. 이러한 전략을 일반 대중이 알게 되면 더는 쉽게 수익을 올릴 수 없기 때문에,

스캘퍼들은 자신의 개별적인 트레이딩 전략들을 무척이나 비밀스럽게 유지합니다. 이것이 투자자 개인만의 특화된 전략을 만들고 테스트해 보는 것이 중요한 이유입니다.

투자자 본인의 스타일에 맞는 투자 방법을 잘 선정하여 집중하는 것이 좋은 투자 방법입니다. 시간이 지나면서 경험과 지식이 쌓여 다양한 수익을 내는 방법의 투자행위를 통해 투자 포트폴리오를 형성해 가는 고급 투자자로 성장하게 됩니다.

가상화폐가 화폐 지위를
확보하기 위해 개선할 점은?

우리가 이미 머리속에 가지고 있는 신념과도 같은 화폐 혹은 돈, 진짜 돈이라고 믿고 있는 지폐는 도대체 어떻게 돈이 되었을까요? 돈이라는 것은 도대체 무엇일까요?

이런 질문을 던져서 화폐에 대한 올바른 정의가 내려지면 그 정의를 기준으로 지폐와 가상화폐 그리고 금을 가지고 서로 비교해 보면 가상화폐의 무엇이 단점이고 장점인지 확인하게 되고 단점은 개선할 수 있는지 알 수 있을 것입니다.

먼저 돈이란 무엇일까요?

돈을 가장 짧은 문장으로 정의하면 어떤 집단의 구성원들 사이에서 '신뢰하는 숫자'라고 할 수 있습니다. 역사적으로 지역에 따라 다양한 종류의 돈이 있을 수 있는 이유입니다. 철로 주조된 돈이라도 모양에 따라 어떤 지역에서는 돈이고 다른 지역에서는 단순히 쇠붙이였습니다. 아마도 조개는 바닷가 지역이 아닌 산악지형의 지방에서 돈으로 쓰였을 것입니다.

필자가 지금까지 돈의 종류 중에서 가장 특이하게 보았고 가상화폐를 이해하는데 깊은 인사이트를 주었던 돈이 바로 얍스톤(Yap money)이라고 하는 돈입니다. 얍섬(Yap island)은 필리핀 동쪽 남태평양 미크로네시아 연방의 섬입니다. 여기 원주민들은 1900년대 초까지 중간에 구멍이 있고 최대 무게가 약 3톤, 직경이 3.6미터나 되는 큰 돌을 화폐로 사용하였습니다.

얍섬 사람들은 물건을 사고 팔 때 이 돌을 이동하지 못하기 때문에 원주민들이 모두 보는 자리에서 돌의 어느 부분이 무슨 근거로 누구에서 누구로 이동되었는지 기록하는 장부를 공부함으로써 거래를 완성했다고 합니다. 당연히 얍섬에서는 이 돌이 없어서 650km 정도 떨어진 팔라우라는 섬에서 얍스톤을 만들어 배로 실어 와야 합니다.

돈은 그 형태가 무엇이든지 한 사회의 구성원들 사이에서 신뢰를 받으면 돈이 된다는 것을 이해하셨을 것으로 생각됩니다. 가상화폐는 해당 플랫폼에 참여하는 사람들 사이에 신뢰를 얻은 돈입니다. 비트코인이나 이더리움은 자신들의 플랫폼에서 신뢰를 얻어서 돈으로서 지위를 확보하고 있다가 그것이 플랫폼 외부까지 확장된 것입니다. 가상화폐의 신뢰의 근거는 블록체인이라고 하는 기술입니다. 국가 단위가 만들어 주던 신뢰를 블록체인이라는 기술이 만들어 주고 있습니다.

우리가 생각하는 진짜 돈인 지폐도 정부라고 하는 신뢰의 근거를 가지고 있기 때문에 돈으로 받아들여 집니다.

돈에 대한 이해가 완료되었으니 가상화폐의 단점이 무엇이고 완벽한 돈의 이미지는 어떤 것인가를 생각해 보면 가상화폐의 개선점이 눈에 보일 것입니다.

인플레이션이 없고, 유지하는데 돈이 들어가지 않고, 휴대하기도 좋아야 하며, 전 세계 어디나 즉시 송금할 수 있으며, 남에게 의존하지 않고 내 스스로 내 돈에 대한 완벽한 통제를 할 수 있는 돈이 가장 완벽한 돈의 조건이 될 것입니다.

현재 지폐는 인플레이션이 있고, 휴대하기도 쉽지 않고, 은행이라는 남에게 맡겨 놓아야 하고, 해외로 즉시 송금도 안 되고, 종이를 만드느라 환경도 파괴하고, 신권 발행과 은행 시스템을 유지하기 위해 엄청나 많은 비용도 발생합니다.

현재 가상화폐의 단점은 가격의 변동성이 너무 심하고, 속도가 늦으며, 수량이 작아서 완벽한 돈으로 사용하기가 불편합니다. 지금의 가상화폐는 그대로 공존하며 돈의 기능을 실현할 새로운 가상화폐가 반드시 태어날 것입니다.

코인 사기 유형은 어떤 것이 있을까요?

투자하여 수익을 내는 것도 중요하지만 있는 돈을 잘 지키는 것 또한 중요합니다. 후자가 먼저일지도 모릅니다.

그런데 우리는 왜 자주 사기를 당할까요?

사기를 당하는 사람들에게 물어보면 대부분 사람들이 잘 몰라서 사기를 당했다고 대답을 하는 것 같습니다. 필자가 생각하기에는 똑똑하기 때문에 사기를 당합니다. 지식이 있기 때문에 사기를 당합니다.

사기꾼이 가상화폐를 모르는 사람한테 사기를 칠 수 있을까요? 가상화폐에 대한 지식이 없는 사람한테는 말도 안 되는 얘기이기 때문에 아예 불가능합니다.

그래서 가상화폐에 입문하기 전에 가상화폐를 빙자한 사기 유형을 미리 한 번 보아 보아두면 큰 도움이 될 때가 꼭 옵니다. 아래에 예시로 보여주는 것과 유사한 경우에는 가급적 접근하지 않고 멀리하는 것이 정답일 수 있습니다.

첫째, 채굴, 재정거래, 카드 등을 빙자한 다양한 형태의 금융 다단계입니다.

비트코인이나 이더리움을 이용한 채굴 다단계는 요즘은 많이 사라졌지만 초창기 때 가장 많았던 가상화폐 사기 유형이었습니다. 채굴을 대행해준다고 하며 마이닝풀에 투자를 하라고 다단계로 사업을 하는 회사가 여럿 있습니다. 그 결과도 대부분 끝이 좋지 않았습니다. 처음 시작은 사기는 아니었지만 채굴 경쟁이 심해지면서 채산성이 없어 채굴장이 문을 닫는 경우도 있습니다.

간혹 신생 코인을 채굴 다단계로 사업을 하는 코인이 있습니다. 코인의 가치가 올라가려면 많은 시간이 걸리는 것이 기본입니다. 금방 가치가 올라갈 수 없는데 너무 급히 가격이 오른 것은 당연히 금방 거품이 빠지게 되어 있습니다.

실체가 분명하지 않은 어떤 주체가 다단계로 코인을 전파하는 것은 분명 문제가 있습니다. 실체가 분명한 회사는 다른 각도에서 봐야 합니다.

둘째, 문자나 카톡 등 피싱 문자 유형입니다

국내 유명 거래소의 이름으로 문자가 옵니다. 주로 알 수 없는 곳에서 당신의 계정으로 로그인이 되었으니 보안을 위해 지금 이 문자를 클릭해서 비번을 바꾸고 보안을 높이라는 식의 유도를 하는 문자가 많은 것 같습니다.

그런데 발송 문자에 포함된 도메인이 진짜와 아주 흡사하게 만들어진 도메인이라 순간적으로 착각하기 쉽습니다. 아래 그림은 실제로 필자가 받은 문자 내용입니다. 필자는 코인원(https://coinone.co.kr)에 계정이 실제로 있는데, 받은 문자의 도메인 이름이 아주 흡사합니다.

032-677-0242

[Web발신]
[코인원 로그인 알림]
고객님계정이
해외IP-102.218.216.188에서
로그인되였습니다. 본인이아닐
경우에는 해외IP차단해주세요.
최근 개인정보 유출로인한
해킹사례가 많으니 코인원은
해킹방지를위해
해외IP차단서비스를신청하시
기바랍니다.
코인원은 안전하고 건강한 시장
조성을위해 다방면으로
노력하고 있습니다.
www.coinoen.com

3월 22일

063-284-0572

[Web발신]
고객님계정이
해외IP-102.228.210.199에서
로그인되였습니다. 본인이아닐
경우에는 해외IP차단해주세요.
최근 개인정보 유출로인한
해킹사례가 많으니 코인원은
해킹방지를위해
해외IP차단서비스를 신청하시기
바랍니다.
코인원은 안전하고 건강한 시장
조성을위해 다방면으로
노력하고 있습니다.
www.coinlone.com

1월 5일

셋째, ICO를 빙자한 사기 유형입니다.

ICO를 빙자한 사기도 근래에는 많이 줄어 들었습니다. 오히려 지금 올바른 가상화폐가 ICO를 하고 있는 경우가 종종 있습니다. 그래서 더욱 깊이 있게 눈 여겨 보아야 합니다.

합법적이고 실물경제와 연동된 회사에서 공개적으로 실행하는 ICO가 향후 일반화될 것입니다. 그런 회사들의 사업성을 잘 분석해서 ICO초기에 투자를 하면 상당한 기회를 포착할 수 있습니다. ICO도 주식 IPO할 때와 같이 법적규정을 엄격하게 입법화하여 기준을 잡아주면 해결될 문제라고 봅니다.

넷째, 거래소를 이용한 사기 유형입니다.

거래소를 믿고 투자하면 수익을 낼 수 있다. 거래소는 수수료 베이스기 때문에 망할 리 없다고 하며 투자를 유인하는 경우도 좋은 결과로 이어지지 않습니다.

다섯째, 다양한 형태의 코인 이벤트를 하는 유형입니다.

여러 유형의 가짜 코인을 준다고 하든가 아니면 비트코인이나 이더리움 개인키를 요구하며 유혹하는 행위가 있습니다. 정상적인 비즈니스는 절대로 이런 것을 요구하지 않습니다.

가상화폐를 부정적으로 생각하는 의견은 왜 생길까요?

가상화폐를 일반인 대다수가 부정적으로 생각하는 것은 당연한 것입니다. 눈에 분명하게 보이고 손으로 만져지던 돈이 보이지도 않고 만져지지도 않는 것으로 바꾸었기 때문입니다. 인류 역사상 가치 있는 자산이 무형의 전자적 형태로 있었던 적은 한 번도 없었습니다. 모든 것이 실물을 기반으로 가치를 측정했습니다. 특허권, 저작권, 상표권 등은 무형의 자산이지만 유형의 것으로 전환되었을 때 가치를 가지기 시작하는 권리입니다.

하지만 가상화폐는 생성부터 사용까지 모든 것이 무형의 형태로 존재하는 화폐입니다. 그리고 그 발행 주체가 개인입니다. 비트코인은 그 개인조차도 누군인지 모릅니다.

구글의 회장이었던 에릭 슈밋은 "인터넷은 인간이 발명해 놓고도 이해하지 못하는 최초의 발명품이다"라고 했습니다. 인터넷이 우리 사회로 진입할 때도 가상화폐와 비슷한 저항을 받았습니다. 가상화폐 생태계는 수많은 기본적인 원리, 개념들이 섞이고 한데 어우러져 만들어지는 기존의 생태계와는 완전히 새로운 세계입니다.

네이버의 이해진 의장도 SDS 근무 시 인터넷 검색 사업을 해야 한다고 수없이 주장했지만 받아들여지지 않아서 결국 독립할 수밖에 없었다고 합니다. 그리고 초기에는 직원들과 주위 지인들에게 네이버가 무엇을 하는 회사인지 하나하나 설명하는 것이 더 힘들었다고 합니다.

가상화폐는 인터넷이나 네이버와 달리 우리 인간이 인류 역사상 가장 위대한 발명품이라고 하는 화폐 자체가 변하는 것입니다. 처음에는 쉽게 이해할 수 없고 이상하게 보는 것은 당연한 것입니다. 그렇게 보는 근본적인 원인들이 몇 가지 있습니다.

첫째, 돈이 무엇인지 잘 모르기 때문입니다.

흔히 가상화폐를 의심하는 근거가 "가상화폐의 가치를 담보할 실체가 없다"는 것입니다.이런 질문은 경제학 지식이 높은 분들이나 금융에 대한 지식이 높은 분들이 던지는 것이라 더욱더 어렵습니다.

그럼 반대의 질문을 던져봅니다. 달러의 가치를 담보해 주는 것은 무엇일까요? 경제력, 군사력 등 다양한 답이 나올 것입니다.

가상화폐나 달러나 모두 충분한 신뢰나 신용을 바탕을 근거로 가치가 존재합니다. 달러나 가상화폐 두 가지 모두 유용성과 희소성이 존재합니다.

둘째, 현재 가상화폐 가격의 높은 변동성과 투기적 열풍 때문입니다.

가격의 변동성이 심하면 화폐의 기능을 할 수 없습니다. 비트코인은 현금 시스템이라고 주장하며 백서가 발표되었기 때문에 비트코인을 화폐로

만 보는 관점이 강합니다. 비트코인은 화폐의 기능적인 측면에서는 금과 비슷합니다. 일상 상거래에서 사용하기에는 불충분한 화폐입니다. 디지털 금으로 보면 금과 비슷한 인플레이션 없는 가치 저장소입니다.

투기적 열풍은 모든 자산에 항상 발생하는 일상적 현상입니다.

가상화폐와 관련 흥미로운 기사 하나를 본 적이 있습니다. 조 바이든 미국 대통령의 보좌관 중 비트코인 저격수로 유명한 팀 우 경제정책 자문의 재산공개를 하니 이 가상화폐 보유금액이 50억이 넘는다고 합니다. 그는 한 때 "비트코인은 인간의 탐욕"이라고 거칠게 비판했던 인물로 유명합니다.

가상화폐의 미래는 분명합니다. 우리 사회의 중요한 자산이나 화폐로 자리를 확보할 것입니다. 예측은 분명하지만 확신하지 못하는 것은 속도이지 기술의 문제는 아니라는 것입니다. 거부와 저항의 종착역은 어디일까요? 남보다 한 발 앞서 탁월한 생존을 하기 위해서는 빠른 속도로 이해하고 적응하는 방법 외에 달리 길이 없습니다.

남들 생각을 따라 갈 것인가, 내가 주도적으로 생각할 것인지는 오로지 나의 선택에 달린 문제입니다.

이더리움과 파생 코인에 대한
전망은 어떤가요?

이더리움 블록체인은 비트코인의 작업증명(PoW) 방식과 같은 방식의 합의 알고리즘을 가지고 있습니다. 작업증명이란 컴퓨터로 복잡한 암호 연산식을 풀어 새로 생성된 데이터 블록과 거래를 검증하는 합의 매커니즘인데요, 이것의 단점이 거래량이 증가하면서 속도가 너무 느려지고 거래 수수료(가스비)가 높아지는 문제를 야기했습니다.

그래서 이더리움은 몇 해에 걸쳐 이더리움 네트워크는 투자자들이 이더를 예치하고 그에 따른 보상을 받음으로써 거래를 검증하는 지분증명(PoS) 방식으로 업그레이드를 추진해왔습니다. 이렇게 변화되는 블록체인은 이더리움 2.0(또는 세레니티)하며 속도, 효율성, 확장성이 개선됩니다. 이더리움과 이더리움 2.0의 가장 큰 차이점은 지분증명(PoS) 합의 메커니즘 도입, 샤드 체인, 비콘 체인입니다.

이더리움의 파생코인인 디파이(Defi) 코인의 핵심은 탈중앙화 금융(DeFi, decentralized finance)은 블록체인 네트워크 위에서 작동하는 금융 애플리케이션 생태계입니다. 구체적으로 말하자면, 탈중앙화 금융이라는 용어는 누구나 이용할 수 있고 어떠한 중앙 기관 없이 작동하는 오픈 소스이자, 허가가 필요 없고, 투명한 금융 서비스 생태계를 만들고자 하는 움직임을 의미할 수 있습니다. 사용자는 자신의 자산을 완전히 통제하며, P2P와 탈중앙화 애플리케이션(DApp)을 통해 생태계와 상호작용합니다.

디파이의 핵심 이점은 특별히 현 지폐 금융 시스템으로부터 고립된 사람들이 금융 서비스를 쉽게 이용할 수 있다는 것입니다. 또 다른 잠재적 이점은 공용 블록체인상의 상호 운용 가능한 디파이 애플리케이션 위에 구축된 모듈식 프레임워크인데, 이는 완전히 새로운 금융 시장, 상품, 서비스를 만들어낼 것입니다.

디파이는 중앙 권한이 없는 금융 서비스입니다. 그것은 금융 시스템의 전통적인 요소들을 취하면서도 중개인을 스마트 계약으로 대체하는 것을 포함합니다. 그래서 디파이를 전통적인 은행 서비스와 블록체인 기술의 결합이라고 평가할 수 있습니다.

디파이 금융에 진입하면 아래 4단계를 거쳐서 이자를 받을 수 있습니다.

첫째, 거래소에서 가상화폐를 구입합니다.

둘째, 암호 화폐를 저장할 소프트웨어 지갑을 만듭니다.

셋째, 가상화폐를 거래소에서 해당 지갑으로 이체합니다.

넷째, 가상화폐를 본인의 지갑에서 가상화폐 은행으로 옮겨 이자를 취합니다.

디파이가 중요한 이유는 자금에 대한 통제가 제3자에게 넘어가지 않고 본인이 직접 비밀키를 통해 제어한다는 것입니다. 이것이 전통적인 금융의 이자를 취하는 형태는 같으나 소유권을 제3자에게 넘겨주지 않는다는 점이 다릅니다.

은행에 적금을 들고 이자를 받는 것은 나의 돈을 은행에 주고 채권을 갖는 행위입니다. 즉 법적으로는 은행과 나는 채권채무관계가 됩니다. 은행이 나의 돈을 돌려주지 않으면 그때부터는 민법의 채권반환청구의 소를 제기해서 내 돈을 돌려받아야 하는 관계라는 것입니다.

하지만 디파이는 내가 돈을 가지고 있으면서 나의 돈을 언제든지 내가 회수할 수 있습니다. 다만 약속된 날짜 이전에 회수하면 이자를 받지 못하는 것뿐입니다. 이것이 가능한 이유는 블록체인의 기술에 있는 스마트 컨트랙트라는 기능 때문에 가능합니다.

가상화폐 언어적으로 말을 하면 이렇습니다.

"디파이는 신뢰할 수 있는 제3자 없이 사용자가 돈을 완전히 제어하고 생태계의 투명성을 높여 코인의 가격 및 시장 효율성을 높일 수 있다."

대표적인 디파이 코인의 종류는 다음과 같습니다.

이름	총공급 수량	심볼	비고
AAVE	16,000,000	AAVE	
Synthetix	190,075,446	SNX	
yEarn	30,000	YFI	
Uniswap	1,000,000,000	UNI	
Compound	10,000,000	COMP	
Kyber Network	210,623,056	KNC	
Maker	1,005,577	MKR	

향후 디파이(Defi)전망은 아직까지는 사용자가 많지 않고 간혹 사용자들 오류가 나오기도 하며 생태계에 진입하는 것이 조금은 복잡하여 저변 확대가 느린 편입니다.

하지만 이런 단점은 기술개발을 통해 충분히 보완할 수 있는 간단한 문제입니다. 블록체인이 가져올 분산형 금융은 금융의 마지막 정수입니다. 이러한 개방적 생태계의 또 다른 중요한 이점은 기존의 어떠한 금융 서비스에도 접근할 수 없었던 이들이 이에 쉽게 접근할 수 있게 된다는 것입니다.

전통적인 금융 시스템은 이익을 만들어 내는 중개인에 의존하기 때문에, 일반적으로 그들의 서비스는 저소득 지역 사회에는 제공되지 않습니다. 그러나 디파이를 사용하면 비용이 크게 줄어들 뿐만 아니라, 저소득층 개인들도 보다 넓은 범위의 금융 서비스를 유용하게 사용할 수 있습니다. 다양한 형태로 분산형 금융 산업이 발전할 것으로 예상되어 눈여겨 보아야 하는 분야입니다.

가상화폐에 대한 다른 나라들의 반응은 어떤가요?

가상화폐로 유명한 싱가포르 경영대 데이비드 리 교수는 한 강연에서 이렇게 주장했습니다.

"지금은 우리에게 완벽한 금융제도와 화폐에 대한 근원적인 질문을 받고 있는 상황이 결국에는 그 답이 프로그래밍 가능한 화폐일 것이며, 일종의 가상화폐가 대안이 될 수 있다."

블록체인 전문가인 서강대 컴퓨터 공학과 박수용 교수는 이렇게 주장했습니다.

"미래에는 중앙은행에서 발행하는 디지털화폐(CBDC)와 글로벌 기업에서 발행하는 암호화폐, 개인 또는 집단이 발행하는 암호화폐 등 다양한 디지털 화폐가 공존하는 시대가 오고, 앞으로는 부동산 또는 예술작품들의 자산 가치가 쪼개져 디지털 토큰화 돼 시장에 나올 것이다."

인간은 어떤 현상을 설명하기 위한 끝없는 노력을 하며 살아갑니다. 덕분에 과학의 진보를 이루었습니다. 인간은 모르는 것에 대한 지식을 쌓는 것은 불가능합니다. 그런데 간혹 이전에는 설명이 안 되던 새로운 세계를 탐구하고 관찰하는 데 필요한 도구가 불쑥 나타날 때가 있습니다. 블록체인이 바로 그런 기술이라고 할 수 있습니다.

블록체인 이전에는 감히 상상할 수 없던 근본적인 질문을 던질 수 있게 됩니다. "돈이란 무엇인가?" "진정한 민주적인 합의란 무엇인가?" "금융 당국은 개인이 누리는 금융의 자유를 어디까지 제한할 수 있어야 할까?" 대단히 흥미로운 질문이고 이제는 이런 질문에 답을 할 수 있습니다.

국가별로 지금까지 가상화폐에 대한 법적규제를 어떻게 진행하고 있는지 간략히 정리해 보면 아래와 같습니다.

한국

한국은 지난 2017년부터 가상화폐 거래에 대해 세금을 징수하겠다는 입장을 세우고 2020년 3월 특금법 개정안을 통과시켜 가상화폐를 가상자산이라고 정의하고 가상화폐 거래소 인가 제도, 은행의 암호화폐 거래소 계좌에 대한 실명 확인, FATF가 권고한 자금세탁방지 의무 이행 실행 등 가이드라인을 명확히 제시했고, 투자자 보호 법안도 제출한 상태입니다. 국민은행, 우리은행 등 금융권에서 가상화폐 사업에 진출했습니다.

미국

2014년 미국 국세청(IRS)은 가상화폐 거래, 지불과 채굴 등의 활동과 관련된 세금 문제를 처리하는 방법이 포함된 가상화폐 세무 가이드 라인을 발표했다가 보완 후 2019년 10월 미국 국세청은 암호화폐 보유에 따른 납세 관련 지침을 새롭게 발표했습니다. 2020년 8월 미국 국세청은 가상화폐 개인 소득세 신고서 초안을 발표하면서 법적 규제와 정의를 분명히 하고 있습니다. 2021년 5월 가상화폐 거래소 코인베이스가 미국 증시에 상장을 하면서 합법적으로 가상화폐가 들어오는 문을 열었습니다.

싱가포르

2019년 싱가포르 세무국(IRAS)은 지불형 가상화폐(DPT) 거래에 대해 어떻게 상품서비스세(GST)를 부과할지에 대한 초안을 발표했습니다. 이 초안에는 어떤 가상화폐가 어떤 방식으로 상품서비스세 납부를 면제받을 수 있는지가 구체적으로 명시되어 있습니다. 2020년 4월에는 또 가상화폐 소득세 과세 가이드를 발표하면서 법제화를 완료했습니다.

영국

2018년 12월 영국 국세청은 가상화폐 가이드 라인에서 일종의 자산으로 간주하여 자본이득세를 납부하는 것으로 지침을 마련했습니다. 2021년 1월 영국 금융행위관리국(FCA)은 일반 소비자를 대상으로 가상화폐 파생상품이나 상장지수증권(ETN) 판매를 금지한다고 발표하면서 법적 초안을 완성했습니다.

인도

2018년 4월 인도 중앙은행은 인도의 모든 은행이 암호화폐 거래소와의 거래를 중단하도록 했으나 2020년 12월 인도 정부는 가상화폐 거래에 18%

의 상품 및 서비스세를 부과하는 방안을 강구한다고 발표했습니다.

중국

21016년부터 중국은 가상화폐 거래와 ICO를 금지하고 있고 2013년 12월 중국 인민은행은 중국 금융회사가 비트코인 사업을 수행하는 것을 금지했습니다. 홍콩은 가상화폐 거래를 금지하지 않기 때문에 중국 가상화폐 투자자들은 종종 홍콩의 거래소를 사용하고 있습니다.

각 나라들이 가상화폐를 법으로 엄격하고 금지한다고 하면서도 금지하지 못하고 시장의 자율기능에 맡기고 있는 상황입니다. 새롭게 태어난 기술에서 잘못된 규제로 세계의 흐름에 뒤처질 위험이 있기 때문입니다. 아직도 가상화폐의 찬반에 대한 격론이 대단히 뜨겁습니다.

2008년 비트코인이 세상에 태어난 후 13년이나 지난 지금에도 가상화폐에 대한 일반인들의 인식 수준은 완전히 초급 수준을 벗어나지 못하고 있습니다. 세상에 어떤 것도 태어나서 13년간이나 진위 논쟁을 한 사례가 전혀 없습니다. 돈에 대한 이해가 어렵긴 어렵나 봅니다.

박수용 교수는 블록체인 과도기를 지나 곧 디지털자산 시대가 열린다고 합니다. 그러면서 1970년대에는 PC, 1990년대에는 인터넷, 2000년대에는 아이폰의 탄생으로 획기적인 사회 변화가 있었다면, 2020년대는 디지털 자산의 탄생이 새로운 변화의 중심이 될 것이라고 강조했습니다.

그렇다면 우리는 블록체인과 가상화폐에 대한 이해를 대충할 수 없고 치밀하게 전문적으로 접근해야 하지 않을까요? 공부를 깊게 하고 난 다음 투자자가 될 것인가, 아닐 것인가를 판단해도 늦지 않을 것 같습니다.

가상화폐를 해킹당했을 때
되찾을 방법은 없나요?

한국 경찰청 국가수사본부가 국내 가상화폐 거래소에서 탈취돼 해외 거래소로 옮겨진 이더리움을 환수하는 데 성공했다고 2021년 6월 7일에 매스컴을 통해 발표했습니다. 45억원 상당의 이더리움 1360개를 해외 거래소의 협조로 돌려받았는데, 이 코인은 2018년 국내 가상화폐 거래소에서 해킹당한 것이라고 했습니다. 그해 11월 업비트에서 34만 개의 이더리움이 해킹을 당하는 사건이 발생한 적 있습니다.

2021년 6월 7일 로이터 통신은 미국 연방수사국(FBI)이 5월 15일에 해커집단이 미 송유관을 마비시키고 회사에서 뜯어낸 75개의 비트코인 중 63.7개를 회수했다는 기사를 실었습니다. 미 법무부에 설치된 태스크포스(TF)가 실제 돈을 되찾아온 것은 처음이라고 합니다.

송유관 회사 콜로니얼 측은 해커들에게 비트코인을 전달하기 전부터

FBI와 공조했고 FBI 요원은 블록체인 탐색기를 이용해 전송된 비트코인 거래를 추적해 몸값이 최종적으로 보관된 가상화폐 지갑의 주소를 확인하는 데 성공했다고 합니다.

비트코인은 익명성이라서 해킹 당하면 회수가 불가능하다고 하는데 회수한 것을 보면 가상화폐가 쉽게 해킹이 되도록 허술한 것 아닌가 하는 의구심이 들것입니다. 가상화폐의 기반 기술인 블록체인 시스템 자체, 즉 비트코인 블록체인이나 이더리움 블록체인은 절대 해킹으로 시스템이 마비되지 않습니다.

앞의 해킹당한 가상화폐를 회수한 사례는 절도를 당한 코인을 되찾은 것입니다. 한국 사례는 거래소의 지갑의 비번이 노출되어 절도를 당했고, 미국 사례는 협박에 의한 송금으로 강도를 당한 것입니다.

비트코인은 정상적인 거래를 할 때는 문제없지만 범죄에 관련된 거래는 전송된 전자지갑의 주소를 추적하여 어느 지갑에 보관되었는지 최종 추적이 가능합니다. 개인지갑의 비번을 분실하거나 절도를 당한 경우 범죄행위에 해당하므로 경찰에 신고하면 추적이 가능할 수 있다는 것을 이 사례에서 볼 수 있습니다.

투자자들 중 범죄를 전제하고 가상화폐를 거래하는 사람들은 없을 것이기 때문에 사생활의 노출이나 개인정보의 노출 문제는 걱정하지 않아도 됩니다. 소액을 거래하는 개인들은 개인전자지갑 비번을 분실하지 않도록 잘 관리하는 것이 최선의 방법입니다.

국내 은행들은 가상화폐에 대한
대책을 마련 중인가요?

국내 은행들은 현재 금융 시스템인 중앙집중식 근대적 방법으로는 이제 한계에 봉착했다는 것을 체감적으로 느끼고 있습니다. 인터넷과 블록체인이 가져오는 경제적·사회적 변화는 산업혁명 근대적 국가 시스템 환경에서 만들어진 금융환경이 너무 불편할 수밖에 없습니다.

그것을 일반 시민들이 알아버렸습니다. 기존 금융 시스템은 민주적이지도 않고 보통 사람들을 위한 제도도 아니고 힘 있는 곳의 전유물이라는 것도 알았습니다. 2008년 금융위기와 코로나 사태를 겪으면서 현재의 금융방법은 미국 중심의 금융 체제이고 국내에서는 금융권과 대기업 등 돈 있고 힘 있는 기관이나 사람들을 위한 시스템이라는 것을 일반 시민들이 드디어 자각하게 되었습니다.

양적완화로 화폐를 5배 이상씩 찍어냈다고 하는데, 우리 서민들에게 오지 않고 그 돈은 모두 어디로 갔을까요? 물가는 올라갈 조짐을 보이고 서민들의 소득은 줄어들어 살기는 더욱 힘들어졌습니다.

기존 은행들은 소비자들의 행위가 변할 것을 이미 감지하고 각 은행들은 각자 조심스럽게 가상화폐 시대를 위한 대비를 하고 있습니다.

금융위원장 등 모피아 집단들은 자기들에게 힘을 주는 금융권력을 놓치기 싫어서 블록체인은 육성하되 가상화폐는 규제한다고 하는 말도 안 되는 주장을 늘어놓고 있습니다. 하지만 은행들은 더 이상 모피아가 자기들의 생존을 책임지지 못한다는 것을 알고 가상화폐와 관련되어 수익을 얻을 수 있는 방법을 강구하는 중입니다.

국민은행

한국의 대표적인 시중은행인 국민은행이 제일 먼저 가상화폐 커스터디 서비스(가상화폐 수탁업무)를 실시하겠다고 발표했습니다. 국민은행 이름으로 직접 하지 않고 미국처럼 한국디지털자산회사(KODA)를 만들었습니다. KODA는 블록체인 전문 기술 회사인 해치랩스, 블록체인 투자 전문 회사인 해시드 그리고 KB국민은행 이렇게 3개사가 함께 투자해 만든 합작법인입니다.

2021년 5월 17일 KODA가 코스닥 상장사인 위메이드와 위메이드의 블록체인 전문 자회사 위메이드트리와 각각 비트코인 수탁 계약을 체결했다는 뉴스가 나왔습니다. 위메이드는 현금성 자산 가치 확대 및 미래 투자를 위해 지속적으로 비트코인을 포함한 가상자산에 투자하고 있는 회사입니다.

이번 뉴스는 5월 3일 KODA가 수탁서비스를 공식 발표한 후 공개한 첫 번째 고객 사례입니다. 이 점을 우리는 유심히 볼 필요가 있습니다.

신한은행

신한금융그룹 조용병 회장은 2021년 신년사에서 업종을 막론하고 모든 기업이 디지털에 사활을 거는 상황에서 신한의 운명도 디지털 전환 속도에 좌우될 것이고 구축한 DT(디지털) 구동체계를 바탕으로 신한인 모두가 한마음으로 디지털 혁신에 박차를 가해야 하면서 신한은행도 이제는 가상화폐에 대해 다양한 각도에서 매진해야 한다는 뜻을 내비쳤습니다.

신한은행은 가상화폐 거래소 코빗, 기술회사 블로코, 페어스퀘어 랩스와 2020년 3월 만든 합작법인 KDAC를 통해 기업과 개인들이 보유한 다양한 디지털 자산을 안전하고 편리하게 보관하고 운용하는 수탁서비스를 하겠다고 선언하여 가상화폐 시장에 본격적인 발을 디뎠습니다.

NH농협

2020년 9월 20일 NH농협도 자체 계획하고 있는 디지털 자산 수탁사업 'NH커스터디'(가칭)을 "개방형 플랫폼으로 만들 것"이라고 발표했습니다.

NH커스터디의 사업은 보관 기능 중심 커스터디, 디지털 자산 금융상품 연동 플랫폼, 공공 디지털 자산 금고·유통 등 3단계로 나눠 구성할 예정이라고 밝혔습니다. 당연히 주요 수탁 서비스 사업을 제공하는 방향으로 발전할 것입니다.

향후 가상화폐의 발전은 가치를 생산해 내는 경제 생태계(플랫폼) 회사들이 다양한 산업에서 만들어지고 그 생태계 내에서 기축통화로 사용되는 가상화폐가 다수 출현할 것입니다. 플랫폼의 회원 수와 가치생산의 크기에 의해 가상화폐의 가치가 결정될 것입니다. 이런 플랫폼은 국경을 불문하고 가치가 쉽게 이전되는 블록체인 플랫폼일 것이며, 국가 단위의 경제 체제가 기업 중심 플랫폼 경제체제로 급속히 변화·발전할 것으로 예상됩니다.

중앙집중식 플랫폼 회사인 페이스북, 구글, 네이버는 경제생태계의 기능 중 교환 기능만을 담당했는데, 블록체인 프로토콜 플랫폼은 가치교환, 금융의 기능까지 확대되는 새로운 경제 질서입니다.

가장 믿을 수 있는 가상화폐의
보관 방법은 무엇인가요?

가상화폐는 기존의 지폐와 달리 부피가 나가는 물리적 실체가 없는 돈이라서 공간 점유의 문제는 없으나 해킹이나 비번 분실 등의 문제가 큰 골치 거리입니다. 지폐는 은행에 맡겨 놓으면 소정의 이자도 주는데, 가상화폐는 어디 믿고 맡길 곳이 만만하지 않습니다. 지금까지는 기술적으로 이 문제를 해결하려고 했지만 향후는 법적 보호를 받을 수 있는 수탁전문서비스가 등장할 것으로 예상됩니다.

일단 먼저 개인이 가상화폐를 보관하는 방법을 정리해 보겠습니다. 대부분 투자자들은 거래소 지갑에 보관되어 있을 것입니다. 개인이 별도로 보관하는 경우는 드물지만 그래도 꼭 알아두어야 할 내용입니다.

첫째, 웹 지갑(Web-based Wallet)입니다.

웹 지갑은 인터넷이 연결돼 있기만 한다면 언제 어디서든지 사용할 수 있습니다. 이 지갑의 장점으로는 암호화폐를 관리하기 편하지만, 사실 제3자에 의해 관리되기 때문에 여전히 해킹의 위험은 존재합니다.

비트코인 지갑 Blockchain.info는 온라인상 지갑 서비스를 제공합니다. 여전히 회사 서버에서 관리되기 때문에 어느 정도 회사에 대한 신뢰가 필요합니다.

MyEtherWallet은 이더리움과 이더리움을 기반으로 만들어진 ERC-20 토큰을 보관하는 지갑입니다. 또한 같은 이유로 여전히 MyEtherWallet 회사에 대한 신뢰가 필요합니다.

둘째, 데스크탑 지갑(Desktop Wallet)입니다.

데스크탑 지갑은 개인 컴퓨터에 다운로드를 받아쓰는 지갑입니다. 하지만 컴퓨터가 해킹을 당하거나 바이러스에 감염된다면 가상화폐를 모두 잃어버릴 위험이 있습니다.

1) Exodus 지갑은 비트코인, 이더리움 등 총 28개의 암호화폐 보관을 지원합니다. 옮길 필요 없이 비트코인을 다른 알트 코인으로 교환이 가능합니다. 물론 반대로도 됩니다.

2) Armory 지갑은 콜드 스토리지(Cold Storage)와 멀티 시그니처(multi-signature)를 지원하는 유일한 오픈소스 지갑입니다. 콜드 스토리지는 사용자의 컴퓨터가 오프라인임에도 불구하고 비트코인을 잘 보관할 수 있습니다. Armory 개발자들에 따르면 사용자는 오프라인으로도 거래를 만들고 승인할 수 있다고도 합니다.

셋째, 하드웨어 지갑(Hardware Wallet)입니다.

하드웨어 지갑을 사용하는 것은 현재 암호화폐를 보관할 수 있는 방법 중 가장 안전한 방법으로 자산을 보호하는 방법입니다. 하드웨어 지갑은 암호화폐를 오프라인에 저장을 하기 때문에 해킹이 거의 불가능합니다. 유일한 단점으로는 웹 지갑과 데스크탑 지갑은 무료로 사용할 수 있는 반면, 하드웨어 지갑은 우리가 구매를 해야 하기 때문에 약간의 비용이 들어갑니다. 하지만 하드웨어 지갑은 분실 또는 고장이 나더라고 복구코드만 있으면 언제든 새로운 하드웨어 지갑을 사서 복구를 할 수 있습니다.

1) Trezor 지갑은 악성 코드에 감염되어 비밀번호가 유출될 수 없게 만들어졌습니다. 비트코인, 이더리움뿐만아니라 다양한 암호화폐의 보관을 지원합니다.

2) Ledger Nano S 지갑도 마찬가지로 Trezor와 비슷한 수준의 보안을 보여줍니다.

앞으로 대중화에 성공할
가상화폐의 조건은 무엇인가요?

　가상화폐는 왜 탄생을 하게 되었을까요? 기존 중앙집중식 근대 민족국가와 산업혁명 기반의 금융시스템의 불합리성에 대항하기 위해 탄생했을까요? 아니면 화폐는 역사의 발전과정 중에 시장에서 생겨난 개념일까요?

　동국대 암호학 박사 박성준 교수는 국가 중앙은행 발행하는 디지털 화폐인 CBDC가 나오면 가상화폐의 일반화가 빨라질 것이라고 합니다. 필자도 결과적인 면에서는 이 의견에 동의합니다. 하지만 가상화폐의 출현배경이 무엇인가에 대한 근본적인 질문에는 차이가 있는 것 같습니다.

　시대발전에 따라 새로운 경제체제가 나타나고 새로운 경제체제에 맞는 화폐가 탄생되어야 하는 것은 자연스럽고도 당연한 일입니다. 다만 그 가능성을 비트코인의 개발자인 사토시 나카모토가 보여준 것뿐이고, 자연적인 물질을 가공해서 만든 것이 아니고 전자 파일로서 만든 화폐일 뿐입니다.

그럼 새로운 경제체제는 어떤 모습인가를 판단해 보고 거기에 맞는 화폐가 어떤 것인가를 생각해 보면 금방 알 수 있습니다.

경제생태계는 산업혁명을 지나면서 제조기업 중심의 사회경제 생태계에서 인터넷 혁명을 완성하면서 제조기업 생태계의 다음 단계인 중앙집중식 플랫폼 기업 생태계로 진화했습니다. 2009년 블록체인 기술이 태어나면서 탈중앙 분산형 프로토콜 플랫폼 기업 생태계로 진화하고 있는 중입니다. 프로토콜 플랫폼 기업 생태계도 다시 중앙이 실물 생산 기능이 있는 생태계와 중앙이 없는 참여자들이 블록체인에 의해 수평적으로 연결된 프로토콜 플랫폼의 두 가지로 나뉩니다. 지금은 경제 생태계의 변화가 일어나고 있는 시점이라고 보면 됩니다.

중앙이 실물 생산 기능이 있는 프로토콜 플랫폼 생태계는 가치를 생산해 내는 중앙이 존재하므로 마르지 않는 샘을 가진 플랫폼이어서 생태계의 성장 속도가 그렇지 않은 것에 비해 대단히 빠릅니다.

프로토콜 플랫폼은 기존의 중앙집중식 플랫폼에 비해 소비자들에게 아주 매력적인 플랫폼입니다. 플랫폼 생태계 내에서 생산되는 가치를 참여자들의 기여도에 따라 공동 분배하기 때문입니다. 플랫폼의 참여 소비자들의 수가 급증하고 이 플랫폼에 연결되는 다양한 가치생산 기업들이 공존하는 공유경제 가치 공동 분배 경제가 만들어집니다. 인위적인 조정자가 있는 것이 아니고 협약에 의해 자동적으로 가치가 분배되어야 효율성이 높아집니다. 플랫폼 참여자들 간에 갈등도 존재하지 않습니다. 모두에게 알려진 서로 간의 협약에 의해 진행되는 경제 생태계이기 때문입니다.

중앙집중식 플랫폼은 룰에 의해 동작됩니다. 룰은 중앙이 자기에게 유리하게 만든 것이고, 룰은 언제든지 일방적으로 중앙의 마음대로 변경합니다. 그래서 항상 참여자와 중앙 사이에 갈등이 존재합니다.

가상화폐는 프로토콜 플랫폼 내에서 참여자들 사이에 가치를 자동으로 분배하는 기능이 있는 지불 수단입니다. 송금 수수료 없고 국외 참여자들에게 송금하기 쉽고 의미 있는 활동으로 플랫폼 발전에 기여하는 회원들에게 보상을 쉽게 전달할 수 있는 기능을 가상화폐가 담당하는 것입니다.

화폐는 시장이 존재하는 한 그 당시에 최고의 기술로 인간이 만들어낸 지불 수단입니다. 화폐는 시간이 지나면서 참여자들 사이에 신뢰가 쌓여가면서 자연스럽게 만들어집니다. 지금까지는 국가가 만든 화폐가 가장 효율적이었던 것뿐입니다. 인터넷과 블록체인이 현실에 들어와 안착한 지금은 가상화폐가 가장 효율적인 지불 수단입니다.

대중화에 성공한다는 것은 단순합니다. 어떤 플랫폼이 매력적이어서 참여자들이 많이 모여들고, 거기서 사용되는 가상화폐가 인기가 좋고, 사용에 불편함이 없다는 것이 증명되면 그 화폐가 플랫폼 외부까지 확장되어 사용되는 자연스러운 과정을 거치게 됩니다. 그런 화폐가 대중화에 성공했다고 하는 것입니다.

달러는 처음에는 미국 경제 생태계 내에서 사용되는 화폐였습니다. 2차 세계대전을 거치면서 미국 경제가 전 세계 경제의 반 이상을 차지하게 되고, 따라서 달러의 신뢰도가 높아져 국외 무역 거래를 할 때 지불수단으로 자연스럽게 활용되며 세계 기축 통화가 되었습니다. 미국의 군사력은 그 다음 순서입니다. 그 질서를 유지하기 위해 강한 군사력이 필요했던 것입니다.

우리는 향후 나올 매력적인 프로토콜 플랫폼 기업이 무엇인가를 유심히 지켜보면 대중화에 성공할 가상화폐를 찾아낼 수 있습니다. 그 첫 번째 사례가 뒤에서 소개하는 코즈볼이 될 수도 있을 것입니다.

부록

실물 생산경제의
모범적인
토큰 이코노미 사례

1. 토큰 이코노미란 무엇인가?

토큰 이코노미(Token Economy)는 블록체인 프로토콜 생태계 내에서 결제 수단으로 토큰을 이용하는 독립된 플랫폼 경제체제나 시스템이라고 이해할 수 있습니다. 혹은 블록체인과 가상화폐로 가능해진 새로운 경제시스템, 경제 체제와 의사결정(Governance) 구조까지 영향을 주는 거대한 움직임이라고 정의할 수도 있겠습니다. 모든 이해관계자, 즉 투자자·중개자·이용자 등에게 토큰을 활용하여 플랫폼에서 만들어낸 가치를 기여한 만큼 분배하는 새로운 경제시스템을 설명하는 용어로 토큰 이코노미를 사용하고 있습니다.

블록체인은 개방적이고 민주적인 새로운 비즈니스 모델을 가져옵니다.

토큰 이코노미는 비트코인과 이더리움 프로토콜 플랫폼으로 시작하여 다양한 형태로 발전해가는 중입니다. 지금까지는 주로 블록체인 기술 분야의 플랫폼과 토큰 금융 중심의 토큰 이코노미로 발전해 왔지만 향후는 실물 경제 중심의 토큰 이코노미 형태로 확장될 것입니다.

인터넷이 들어온 후 처음에는 기술 중심의 회사들이 앞장서서 인터넷 발전을 이끌다가 향후는 아마존이나 알리바바와 같이 인터넷을 이용한 실물 경제를 중심으로 한 플랫폼 기업들이 출현하게 된 것을 우리는 알고 있습니다.

만약 애플이 아이폰을 생산하기 전에 블록체인이 나왔다면 토큰 이코노미 플랫폼으로 발전한 최초의 실물 생산경제 플랫폼 기업이 될 수 있었을 것입니다. 불행히도 아이폰 출시 후 2년 만에 블록체인이 세상에 나타났습니다.

토큰 이코노미 비즈니스 모델로 발전해야 하는 이유는 성장에 가장 효율적인 방법이기 때문입니다. 향후 토큰 이코노미 플랫폼을 소유한 기업이 세계 최고의 기업으로 성장할 가능성이 대단히 높다고 할 수 있습니다.

다음은 토큰 이코노미를 설계할 때 고려해야 할 대표적인 것들입니다.

- 플랫폼에서 생산하는 제품이 플랫폼 비즈니스에 적합한가?
- 보상(토큰)은 어떤 기준으로 참여자에게 줄 것인가?
- 어떻게 토큰이 가치를 갖게 할 것인가?
- 사용자들이 토큰을 보유해야 할 요인은 무엇인가?
- 토큰 발행량은 얼마나 하며 어떻게 분배할 것인가?
- 네트워크의 성장과 토큰의 가치 상승을 어떻게 연동할 것인가?
- 토큰의 가격 변동성은 어떻게 해결할 것인가?

투자자 입장에서는 위와 같은 질문에 잘 정리된 비즈니스 모델을 가진 토큰의 가능성이 높다고 할 수 있습니다.

2. 코즈볼 토큰 이코노미 사례

1) 실물 생산경제 토큰 이코노미 특징

4차 산업혁명 시대 비즈니스 모델에서는 그 회사가 어떤 것을 지향하든 빅데이터, 맞춤화, 디지털 가상자산 등 이렇게 3가지의 키워드를 비즈니스 생태계에 녹여 넣어야만 경쟁력을 가질 수 있다고 하는 것이 최신 트렌드입니다. 선택이 아니라 필수입니다. 빅데이터를 만들어내기 위해서는 자사의 제품에 맞는 창의적인 플랫폼 모델을 만들어야 하고, 그 플랫폼 내부에서 가치를 교환하는 지불수단으로 디지털 가상자산을 가지고 있어야 플랫폼이 지속적으로 성장·발전할 수 있습니다. 이런 최신 트렌드에 가장 잘 어울리는 것이 코즈볼 토큰 플랫폼(Cosball Token Platform) 이코노미입니다.

코즈볼 토큰 플랫폼 이코노미 생태계는 인류 역사상 나타난 모든 비즈니스 모델을 블록체인 프로토콜 플랫폼과 융합하여 새롭게 탄생한 토큰 이코노미 생태계라고 할 수 있습니다.

비즈니스 플랫폼의 발전은 산업혁명 이후 제조기업으로 대표되는 파이프라인, 아마존이나 구글과 같이 20세기 인터넷을 기반으로 성장한 중앙집중식 플랫폼, 21세기 초 비트코인과 이더리움으로 대변되는 블록체인 기반의 분산형 프로토콜 플랫폼, 마지막으로 코즈볼 토큰 플랫폼 이렇게 발전해왔습니다.

코즈볼 플랫폼은 화장품을 생산하여 판매하는 아모레 퍼시픽이나 LG 생활건강 같은 파이프라인 비즈니스 모델을 가지고 있고, 인터넷 기반으로 만들어진 중앙집중식 플랫폼과 같이 본사가 있는 중앙집중식 성격도 있고, 블록체인 기술을 기반으로 한 프로토콜 플랫폼과 같이 분산형 플랫폼의 특징을 모두 가지고 있는 플랫폼입니다. 이 모든 경제 생태계의 특징들이 합쳐지면서 코즈볼 플랫폼만의 특성이 있는 독특한 플랫폼이 탄생했습니다.

지금까지의 대부분의 토큰 이코노미는 네트워크 성장과 발전을 위한 기술적 측면을 강조한 노드(채굴자 또는 블록생산자)에게만 보상을 제공하는 데 그쳐서 확장성이 약했습니다. 최근에 들어서 카카오의 클레이튼이나 네이버의 일본 자회사인 라인의 토큰 이코노미가 중앙관리자가 있는 좀 더 발전된 토큰 이코노미를 출현시켰습니다. 이들 또한 디지털자산 유통에 중점을 두고 있습니다.

하여, 코즈볼 토큰 플랫폼은 새로운 형태의 플랫폼을 설명할 수 있는 새 명칭을 붙여야만 했습니다. 코즈볼 토큰 플랫폼(CTP)은 참여형 상생경제 체제 혹은 참여형 상생경제 생태계라고 한글 이름을 붙였습니다. 간단하게 코즈볼 플랫폼이라고 부르는 것이 편리할 수 있습니다.

코즈볼 플랫폼은 제품을 생산하기 때문에 가치를 스스로 생산하는 중앙관리자가 있습니다. 그것이 기존의 다른 토큰 이코노미 플랫폼들과 완전히 다른 점입니다. 화장품 제조회사가 프로토콜 플랫폼 경제생태계로 발전하는 구조를 만들어 낼 것이라고 어느 누구도 상상하지 못했습니다. 화장품 생산에 블록체인, AI, 빅데이터, 가상자산 등 4차 산업혁명의 핵심기술과 초융합하여 완전히 새로운 경제생태계가 탄생했습니다.

코즈볼 본사가 직접 생산하는 제품을 토큰과 바로 교환할 수 있는 토큰 이코노미입니다. 코인을 발행한 회사가 토큰의 가치를 뒷받침하는 제품을 직접 생산하는 토큰 이코노미는 코즈볼 플랫폼이 처음입니다. 지금까지 실물 결제 토큰 이코노미라고 하면서 만들어진 토큰들은 개념을 현실화시키기 위해서 플랫폼 외부에 있는 유통들과 토큰 결제 시스템을 연결해야 했습니다. 외부 유통점들은 토큰으로 상품 대금을 받았을 때 어떤 이익이 있어야만 토큰을 받고 물건을 팔 것입니다. 또 물건을 사는 소비자도 토큰으로 가맹점에서 물건을 살 때 할인을 받는 등의 어떤 이익이 있어야 토큰을 구매하여 물건을 사는 수고로움을 감당할 것입니다. 토큰 발행 주체의 외부에 존재하는 소비자와 가맹점을 연결시키는 것이 절대 쉬운 일이 아닙니다. 이런 점 때문에 개념은 있으나 실제 성공적인 모범 사례로 발전하지 못하고 있습니다.

하지만 코즈볼 플랫폼은 제품도 직접 생산하고 판매점도 코즈볼 본사와 대리점 계약을 할 때 이 점을 전제 조건으로 계약을 합니다. 소비자들은 토큰으로 상품 대금을 결제하면 20% 할인 받는 이익이 있고, 판매점은 본사의 물건값을 그 토큰으로 결제할 수 있습니다. 이것이 코즈볼 토큰 이코노미가 다른 토큰 이코노미와 근본적으로 다르게 만드는 것입니다.

코즈볼 플랫폼은 소비자들에게도 플랫폼의 발전에 기여한 공헌도에 따라 보상을 제공합니다. 소비자들까지 플랫폼의 참여자가 될 수 있습니다. 그리고 국경을 불문합니다.

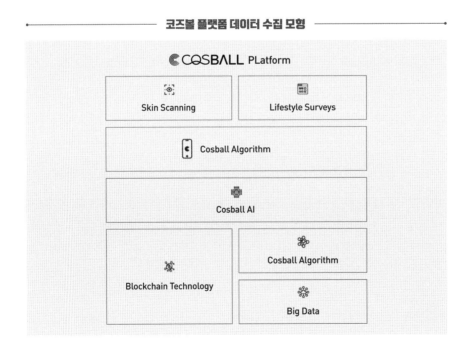

코즈볼 플랫폼 데이터 수집 모형

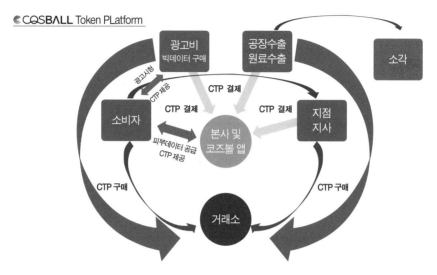

2) 실물 생산경제 토큰이 중요한 이유

① 실물 생산경제에 의해 가치가 뒷받침되는 CTP토큰

비트코인이나 이더리움이 가치를 갖는 근거는 네트워크 내 참여자들 사이에서 지불수단으로서 유용성이 존재하고 네트워크 참여자들로부터 블록체인 의해 희소성이 보장된다는 신뢰입니다. 달러나 한국 원화도 그 나라의 국민들이 합의한 국가 권력이 발행했다는 것에 대한 국민의 신뢰를 근거로 가치를 가지게 됩니다.

코즈볼 플랫폼 네트워크상의 지불수단인 CTP토큰도 비트코인이나 이더리움과 같이 코즈볼 플랫폼 내의 참여자들로부터 신뢰를 얻었기 때문에 가치를 가지게 됩니다.

CTP토큰은 상장되는 즉시 가치 있는 물건과 즉시 등가에 의해 교환되는 것에 의해 구체적인 가치로 뒷받침되는 코인입니다. 이것이 다른 코인들과 완벽하게 다른 지점입니다.

첫째, 코즈볼 화장품을 구매하는 20% 할인권을 내포하고 있습니다. 예를 들어 거래소에서 10만원어치 CTP토큰을 구매하고 난 다음 코즈볼 화장품 판매점에 8만원어치 토큰을 주면 10만원어치 화장품을 받습니다. 그리고 소비자 지갑에는 아직도 2만원어치 토큰이 남아있습니다. 현금이나 카드로 화장품을 구매하면 10만원 결제가 되어야 합니다. 코즈볼 화장품을 사려는 소비자들의 수요가 CTP토큰의 가치를 존재하게 만듭니다.

둘째, 코즈볼 본사가 제작하여 해외공장에 판매하는 무인 자동화 생산 라인의 기계대금과 원료 대금 중 40%를 CTP토큰으로 지불해야 하는 협약(프로토콜)을 가지고 있습니다. 실물에 의해 가치가 뒷받침되는 지불 시스템을 가지고 있습니다.

셋째, 전국에 3000점의 코즈볼 판매점(대리점)을 개설할 때 가맹비 중 일정한 부분을 CTP 토큰으로 결제를 해야 합니다.

넷째, 경제적 가치 높은 피부 데이터를 제공하고 보상으로 받는 것이기 때문에 가치가 있습니다. 4차 산업혁명 시대에는 고객의 모든 정보를 디지털화해 빅데이터로 가공한 다음 AI의 원유로 사용하여 산업의 원자재로 사용합니다. 특히나 개인의 피부 생체 데이터는 관련 산업에 꼭 필요한 빅데이터입니다. 이런 가치 있는 데이터와 교환되는 CTP토큰은 그 자체가 가치를 가지게 됩니다.

2021년 5월 미국 연방준비은행의 연구원이 발표한 연구 논문이 발표되었습니다. 실물 경제를 다루는 플랫폼에서 자체 토큰을 발행하여 플랫폼 내부에서 지불수단으로 사용하면 플랫폼의 성장에 큰 도움이 되며, 소비자들의 데이터를 얻는 데 유리하고, 높은 인플레이션이 올 때 재산을 지키기에 적절한 수단이라고 연구원들은 주장했습니다. 그리고 플랫폼의 크기가 확장하면 토큰이 플랫폼 외부로 순환하여 지폐와 경쟁할 수 있다고 지적하기도 했습니다.

결국 CTP토큰은 가상화폐로서의 유용성에 의한 가치와 코즈볼 본사가 직접 생산하는 물건에 의해 가치가 뒷받침되는 실물경제에서 지불수단으로 사용되는 가치가 있는 토큰입니다.

② 화폐 관점에서 CTP토큰의 가치 성장은?

"돈이란 무엇인가"라는 관점에서 CTP토큰의 가치를 정리해 보겠습니다. 먼저 세계 국제 교역의 기축통화 변천에 대해 알아보겠습니다. 아래 표는 시대별로 국제 교역의 기축통화가 바뀐 내용을 정리한 것입니다.

나라명	포르투갈	스페인	네덜란드	프랑스	영국	미국
유지년도	1450~1530	1530~1640	1640~1720	1720~1815	1815~1920	1921~
유지기간	80	110	80	95	105	90

기축 통화가 위 표와 같이 바뀐 원인은 무엇일까요?

포르투칼이 대항해시대를 거치면서 인도와 향신료 등의 교역을 선점하게 됩니다. 그 결과 유럽 세계에서 돈을 가장 많이 벌어 최강의 부국이 되었습니다.

에스파니아(스페인)이 아메리카 대륙의 발견으로 금과 은이 대량 들어오면서 유럽 최고의 부국으로 성장하였습니다. 국제 교역의 지불수단이 페소로 자연스럽게 이동합니다.

네덜란드는 17세기, 인구 150만 명이었던 네덜란드는 일약 세계의 경제 중심이자 해운의 중심으로 성장하였고 17세기 중반, 네덜란드는 세계 무역의 절반을 점유하였습니다. 자연스럽게 길더가 국제 기축통화로 자리 잡게 됩니다.

영국은 약 1760년에서 1820년 사이에 영국에서 시작된 기술의 혁신과 새로운 제조 공정(manufacturing process)으로의 전환하는 산업혁명을 일으키면서 세계 1위 부국으로 성장하게 됩니다. 파운드화가 자연스럽게 기축통화로 자리잡게 됩니다.

미국은 2차세계 대전을 거치면서 유럽 전쟁 국가들에게 물자를 공급하면서 당시 세계 50% 이상을 생산하는 제조업 강국으로 성장했습니다. 물품 대금으로 금을 받았기 때문에 세계 금 보유량이 가장 많은 나라가 되었습니다.

전후 1944년 브레튼우즈에서 만나 금본위로 미국 달러에 금 1온스를 35달러로 고정시키는 고정환율제도를 채택했습니다. 1950년대 말부터 서구의 눈부신 경제성장에 비해 미국경제는 정체하고 국제수지도 만성적으로 대폭적인 적자를 기록하였습니다. 누적된 국제수지 적자로 인해 금 준비와 대외 단기 달러채무 잔고의 비율이 악화되기 시작했습니다. 이렇게 시작된 달러의 지위 동요는 1960년 가을에 표면화되기 시작하였고, 그 후 이런 경향은 더욱 심각하게 되어 금융 위기인 달러 위기로 이어졌습니다. 결국 1971년 닉슨 대통령이 달러의 금본위제 폐지를 선언하면서 금본위제는 종말을 고합니다.

위의 역사적 사실을 바탕으로 우리가 유추해서 생각해 보면 돈은 물건을 사고 팔 때 주고받는 수단인데 그 수단은 계속 변한다는 것입니다.

그러면 그 변하는 기준은 무엇일까요?

바로 그 나라의 소득수준, 경상수지 흑자의 크기 등으로 나타나는 나라의 부의 크기에 의해 결정된다는 사실을 알 수 있습니다.

국가 단위의 지리적 제약 조건 속에서 지불 수단이 그 나라 돈이라고 하는 것이 지금까지 우리가 이해하고 있는 돈의 개념입니다.

그런데 2000년대에 들어서면서 인터넷이 우리 사회에 본격적으로 도입되면서 플랫폼이라는 경제 단위가 만들어졌고 지금은 세계 경제의 중심 단위로 자리 잡았습니다. 디지털 국가 단위라고 표현될 수 있는 경제 단위입니다. 플랫폼 내부적으로 결제를 할 수 있는 별도의 지불수단이 플랫폼 확장에 훨씬 효율적이라는 것을 알았습니다. 디지털 플랫폼은 국경을 초월하기 때문입니다. 아마존 회원인데도 아마존에서 물건을 직구하면 국가가 다르다며 수수료가 더 많이 붙습니다. 현금 결제는 불가능합니다.

2008년 비트코인에 의해 우리 산업에 들어온 블록체인으로 플랫폼 단위의 별도 화폐가 가능해지게 되었습니다. 비트코인은 비트코인 플랫폼 내의 지불수단이고 이더리움은 이더리움 플랫폼 내의 지불 수단입니다. 국가 단위의 돈이 국가 내부에서 결제 수단이듯이 말입니다. 돈을 많이 버는 나라의 돈을 가지고 국가 단위 사이에 발생하는 교역, 즉 무역거래 시 결제 수단으로 사용하면 그 돈을 기축통화라고 합니다.

디지털 플랫폼 내부의 결제 수단이 외부로 확장되어 가는 것이 지금 우리가 보는 비트코인이고 이더리움입니다. 비트나 이더는 모두 기술 중심의 플랫폼 참여자들에게 보상으로 주어지는 지불수단입니다. 이더리움 플랫폼에 연결되는 대부분의 참여자들은 기술 중심의 회사들입니다.

이들이 이더리움의 블록체인을 빌려 다양한 서비스를 개발해서 산업에 적용하게 되는데 이때 블록체인을 빌려쓰는 임대료를 이더리움으로 지불해야 합니다. 이더리움의 블록체인을 사용하는 참여자들이 많아짐에 따라 지불수단인 이더의 수요가 증가하면서 이더가 가치를 가지게 됩니다.

코즈볼 플랫폼의 지불수단인 CTP토큰은 어떨까요?

코즈볼 플랫폼은 화장품을 생산하는, 즉 가치를 생산하는 제조기능이 있는 플랫폼입니다. 항상 경상수지 흑자를 달성하는 국가이며 코즈볼이 인기 있는 크기만큼 플랫폼이 돈을 벌게 되고 토큰의 사용자들이 증가하게 됩니다. CTP토큰의 가치는 그 크기에 의해서 결정될 것입니다.

그리고 토큰의 공급량을 줄이면 토큰의 가치는 상승합니다. 대표적인 방법이 소각 정책입니다. 토큰 소각을 한다는 의미는 플랫폼이 버는 돈을 가지고 토큰을 사서 없애는 행위를 말합니다. 그 의미는 화장품 팔아서 번 돈을 CTP토큰의 가격을 올리는 데 사용한다는 뜻입니다. 수량은 정해져 있는데 자꾸 줄어들고 플랫폼 내부에서는 계속해서 CTP토큰을 가지고 지불수단을 써야 하면 가격이 올라가는 것은 당연한 이치입니다.

이 원리는 앞에서 국가 간 교역의 기축통화가 그 나라의 경제적 수준에 의해 변하는 것과 같은 원리입니다. 돈을 많이 버는 국가의 돈은 그만큼 신용이 크기 때문입니다.

플랫폼 단위의 지불 수단인 가상화폐도 그 플랫폼이 돈을 얼마나 많이 버는가에 의해 가격이 정해집니다. 비트코인이나 이더리움은 기술기반 플랫폼이고 코즈볼 플랫폼은 실물 생산기반 플랫폼입니다.

이것이 CTP토큰이 가치를 가지게 되는 실물 가치로 뒷받침되는 근거입니다.

③ 화장품 회사가 플랫폼으로 발전하는 근거는?

플랫폼 기업은 중앙집중식 플랫폼과 분산형 프로토콜 플랫폼 이렇게 크게 두 가지로 분류할 수 있습니다.

첫째, 중앙집중식 플랫폼은 기업은 소비자와 생산자 양면시장 지향, 개방을 통한 거대화를 이뤄서 네트워크 효과로 비즈니스를 영위하는 기업입니다. 지금은 플랫폼 회사가 세계 최고의 기업 위치에 있습니다.

우리가 지금까지 플랫폼 회사라고 하면 인터넷 기반으로 소비자와 생산자를 연결시켜 주는 아마존이나 알리바바와 같은 쇼핑몰 회사이거나 페이스북, 인스타그램, 카카오 같은 SNS 회사거나 구글, 네이버 같은 검색엔진 회사를 플랫폼 회사라고 알고 있었습니다.

이런 플랫폼 회사들의 특징은 직접 제품 생산 기능이 없다는 점입니다. 반면 애플이나 테슬라처럼 제품을 생산하는 기능이 있으면서 플랫폼 기업으로 발전한 사례도 있습니다.

실물 생산경제가 없는 플랫폼 회사들의 주 수익원은 수수료와 광고비입니다. 그렇다 보니 시간이 지날수록 참여자들과 많은 갈등을 빚으며 문제를 노출시키고 있습니다. 하지만 애플이나 테슬라는 자사가 생산한 제품의 고객 경험의 가치를 증대시키는 목적으로 만들어진 플랫폼이라서 참여자들의 만족도가 높은 것이 특징입니다. 또한 과도한 광고나 수수료 등으로 참여자들을 어렵게 만들지 않고 상생의 길을 모색합니다.

둘째, 분산형 프로토콜 플랫폼 기업입니다. 블록체인을 기반으로 플랫폼이 형성된 비트코인 플랫폼, 이더리움 플랫폼, 리플 플랫폼 등 다양한 플랫폼이 있습니다. 이 플랫폼이 중앙집중식 플랫폼과 다른 것은 중앙의 룰에 의하지 않고 참여자들 사이에 약속된 협약에 의해 플랫폼 생태계가 돌아가는 것이 다른 점입니다. 협약에 의해 참여자들에게 플랫폼이 만들어낸 가치를 기여 정도에 따라 분배하는 점이 또 다른 특징입니다.

그럼 코즈볼은 어떻게 플랫폼 기업으로 발전하며 위 사례에서 설명한 기존 플랫폼 회사와 무엇이 다른지 살펴보겠습니다.

코즈볼은 화장품을 생산하는 회사로서 애플이나 테슬라와 같고, 어플이 있어서 카카오와 같으며, 가상화폐 CTP토큰이 있어서 프로토콜 플랫폼이 됩니다. 다시 정리하면 코즈볼 플랫폼은 실물 생산경제 프로토콜 플랫폼이라고 정의할 수 있습니다. 다른 말로 실물 생산경제 토큰 이코노미라고 합니다.

플랫폼의 성공 기준은 얼마나 많은 고객을 흡수하고 얼마나 자주 방문하느냐, 그리고 얼마나 오랜 시간 플랫폼에 머물게 할 수 있느냐 하는 것입니다.

웬만한 컨텐츠로 사람들의 방문을 유인하기 쉽지 않는 일이고, 설령 들어왔다 하더라도 그곳에 오래 머무르고 자주 방문한다는 것은 장담할 수 없습니다. 소비자는 자신들의 이익에 따라 언제든 떠날 수 있기에 그들을 플랫폼에서 빠져나가지 못하게 할 방법을 찾아야 합니다. 이에는 몇 가지 방법이 있습니다.

첫째, 제품의 매력도입니다.

화장품이라는 컨텐츠는 사실 쉽지 않은 무모한 일입니다. 화장품이라는 컨텐츠는 일반인들은 잘 바꾸지 않습니다. 오랜 기간 사용해 오던 화장품을 바꾼다는 것은 모험이기 때문입니다. 그런 시장에 뛰어들어 화장품으로 플랫폼을 만든다는 것은 화장품에 대한 자신감이 뛰어나지 않으면 있을 수 없는 일입니다.

코즈볼 화장품이 애플의 아이폰처럼 파괴적이고 혁신적인 화장품이어야 플랫폼 기업으로 발전할 수 있을 것입니다. 기존 화장품과 조금 차별화된 화장품이라면 기존의 화장품 사용자들을 코즈볼 플랫폼으로 유인하는 효과가 작기 때문입니다. 화장품이 혁신적이지 않으면 왔다가 금방 빠져나가 락인(Lock-in) 효과가 없고 네트워크 효과(Network effect)도 없어 플랫폼의 확장이 어려울 것입니다.

둘째, 어플리케이션(앱, app)의 매력도입니다.

같은 연령대에서 나의 피부 상태가 어떻게 되었는지 알려주는 비교 기준을 수립한 코즈볼 어플에 대한 사용자들의 가치와 매일 자기 피부 상태에 맞는 맞춤형 화장품 솔루션을 제공하는 어플리케이션은 인종, 남녀노소를 불문하고 지구인 전체에게 즐거움을 줄 수 있는 앱입니다.

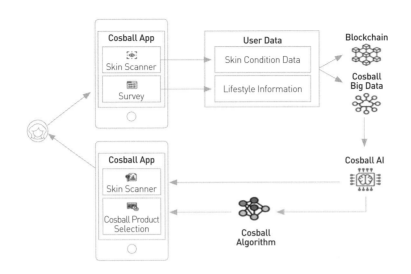

코즈볼 앱

코즈볼앱은 그날의 날씨와 촬영을 통한 내 피부상태를 분석하여 최적화된 코즈볼 처방 솔루션을 제공합니다.

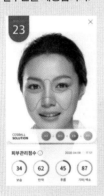

COSBALL AI SYSTEM

코즈볼은 피부측정기술 → 빅데이터 수집 → 분석 기술(독자 기술) 프로세스로 피부를 측정합니다. 또한 정밀함과 정교함을 더하는 개인별 매일 맞춤 화장품 인공지능 시스템은 표본을 수집한 후 10,000명의 피부 빅데이터를 통하여 수집된 내용 으로 표준을 만들고 같은 연령대의 사람들의 피부 데이터로 기준으로 하여 피부를 분석합니다.

Moisturizing
Lifting care
Whitening
Anti-aging

셋째, CTP토큰의 참여자 모두 공동으로 가치창조 모델입니다.

매일 코즈볼 앱을 통해 리워드로 지급되는 CTP토큰은 많은 사용자를 모이게 하고 반복해서 플랫폼에 접속하는 가장 좋은 보상 방법입니다. 데이터를 많이 모으는 것으로 끝나는 것이 아니고 이것을 잘 활용하여 수익모델을 만들어서 가치를 창출하고 그 가치를 참여자들에게 다시 돌려주는 플랫폼이 매력적인 플랫폼입니다. 우버나 에어비엔비와 같은 수동적인 공유경제가 아니라 적극적인 참여형 상생경제 생태계로 발전해야 진정한 공존이고 공유입니다.

넷째, 개인 맞춤형 지향 산업과 연결됩니다.

개인의 신체적 생체데이터를 빅데이터로 변환하여 필요한 개인 맞춤형을 지향하는 산업과 연결됩니다. 예를 들어 서울 지역에 거주하는 50대 여성들에게 필요한 비타민과 같은 건강기능 식품이나 헬스케어 서비스를 제안하는 방식으로 관련 회사들과 플랫폼이 연결됩니다.

이런 특성으로 인해 코즈볼 플랫폼은 단순히 소비자와 생산자를 연결하는 개념을 넘어선 자체 오픈 경제생태계를 지향합니다. 이 플랫폼의 모든 참여자들은 중앙에 수수료를 지불하지 않고 데이터를 제공하는 사용자들은 모두 보상을 즉시 받고 CTP토큰으로 모든 가치교환을 합니다.

④ CTP토큰의 타 산업으로 확장성은?

일단은 타 산업으로의 확장을 하기 위하여는 CTP토큰이 사용되는 플랫폼 시장이 누구에게나 인정을 받을 만한 크기로 성장을 하여야 가능한 일이 아닐까 싶습니다. 그러면 저절로 타산업으로 확장이 이루어질 것입니다.

가상화폐의 가치는 참여자가 얼마큼 많이 생태계로 유입되느냐에 달려 있다고 할 수 있습니다. 많은 사용자가 네트워크에 참여할수록 인센티브로 받은 토큰의 활용성은 높아지고 이는 곧 토큰 가치 향상을 의미하므로, 많은 참여자의 증가를 통해 플랫폼을 통한 데이터의 수집을 강화합니다.

사람들은 플랫폼 기업이기만 하면 모두 성공하는 것으로 생각하는 경향이 있는 것 같습니다. 플랫폼 기업이 되어야 하는 이유는 사용자들의 데이터를 모으는 데 있는 것이 아니라 모은 데이터를 이용하여 참여자들의 가치를 증가시킬 수 있는 사업을 만들어서 제공해야 드디어 완성된 프로토콜 플랫폼 기업이 됩니다.

참여자 입장에서 블록체인 플랫폼 참여가 쉬우면서 사용성이 높아야 하고, 그러기 위해선 토큰 모델의 단순화가 필요합니다.

코즈볼 플랫폼이 타산업으로 확장되는 연결고리별로 나누어 생각해 보겠습니다.

첫째, 코즈볼의 빅데이터 질적 수준입니다.

코즈볼 플랫폼은 참여자들의 인구통계학적 데이터 및 인체 생체 데이터를 가지고 있으며 참여자가 전 세계 모든 인종, 연령을 망라합니다. 그리고 매일 최신 데이터로 자동 업데이트 되고 블록체인에 의해 정형화된 데이터로 쌓여 데이터 가공비가 많이 들지 않습니다.

맞춤형 빅데이터가 필요한 업체에서 코즈볼 플랫폼의 빅데이터를 열어보려면 CTP토큰을 이용해 블록체인 사용료를 지불하도록 프로토콜화되어 있습니다. 코즈볼 플랫폼의 참여자가 많아지고 맞춤형 서비스가 가능한 양질의 빅데이터로 포지셔닝 되는 순간 수많은 산업과 자동으로 연결됩니다.

지금까지 지구상에 코즈볼 플랫폼처럼 모든 인종, 모든 성별, 모든 연령의 피부 생체 데이터를 빅데이터로 방대하게 가진 플랫폼 회사는 없었습니다.

둘째, 코즈볼 어플이 매력적인 광고판입니다. 코즈볼 어플은 소비자와 판매자가 직접 일대일로 소통하는 광장입니다. 판매자가 소비자의 광고 시청에 대한 보상을 직접 주는 가장 확실한 광고시장입니다. 그것도 전 세계 인구를 타겟팅하여 광고비의 손실이 하나도 없이 집행되는 유일한 광고 시장입니다.

코즈볼 본사가 광고비를 받지 않고 판매자가 직접 광고를 시청한 소비자에게 CTP토큰을 가지고 보상을 줍니다.

보상으로 지급할 CTP토큰은 시중 거래소에서 구매 가능합니다. 사용자가 많아질수록 토큰의 가격은 자연스럽게 상승하고 기업들은 빅데이터 사용료를 내기 위해 선구매하는 행동을 촉진합니다.

플랫폼 참여기업과 사용자(소비자)의 연결에 의해 수많은 기업이 플랫폼에 연결됩니다. 코즈볼 플랫폼은 수수료를 받지 않습니다. 중앙집중식 플랫폼 기업은 상품 매매 시 20% 전후로 높은 수수료를 받습니다. 코즈볼 회원들은 그만큼 낮은 가격에 필요한 제품을 사용할 수 있습니다. 다만 플랫폼에서 구매 시 CTP토큰으로 결제를 해야합니다. 코즈볼 프로토콜 플랫폼 내의 기축통화는 CTP토큰이기 때문입니다.

⑤ CTP토큰의 획득 방법과 사용처는?

첫째, ICO 패키지 구매방법으로 획득 가능합니다.

패키지는 금액대별로 나누어져 있으며 패키지면 매수단가가 다릅니다. 시간이 지나면서 난이도가 올라가 토큰 개수가 줄어듭니다. ICO도 코인 채굴의 개념이기 때문입니다. CTOMORROW라는 싱가폴 소재 전문 컨설팅 사와 계약을 맺고 이 회사에서 모든 ICO와 상장을 추진하기로 했습니다. 국내 7곳의 독점 에이전트를 통해 ICO를 진행합니다. 에이전트 현황은 CTomorrow.io에 자세히 나와 있습니다.

둘째, 코즈볼 어플로 매일 자기 피부 상태를 측정할 때마다 보상으로 주어집니다. 이 점이 코즈볼만의 친환경적이고 산업의 발전에 기여하는 채굴 방법입니다. 이렇게 수집된 생체 빅데이터는 맞춤형 서비스를 제공하는 다른 산업에 유익한 데이터를 제공합니다. 생체 빅데이터는 헬스. 뷰티 등 다양한 산업에 꼭 필요한 원유입니다. 코인의 시세에 따라 리워드 개수는 변동됩니다. 첫 채굴은 1일 3회씩 회당 CTP토큰 0.11개의 리워드로 시작했습니다.

셋째, 다른 회원을 추천하여 코즈볼 회원으로 안내하면 추천보상 리워드가 있습니다. 현재는 1인당 10개의 CTP토큰을 보상으로 지급합니다.

넷째, 거래소에서 매수하여 취득할 수 있습니다. 아직 상장 전이지만 조만간 국내외 대표적인 거래소에 상장을 준비 중에 있다고 합니다.

CTP토큰은 코스볼 매장과 전자상거래 플랫폼에서 스킨케어 제품을 결제할 수 있습니다. 그러나 CTP는 단순한 구매 이상의 용도로 사용됩니다. CTP 토큰으로 코스볼 제품을 구매하는 사람들은 처음에는 20% 할인을 받게 됩니다. 그렇지 않으면 암호화폐에 회의적인 고객들 사이에서도 토큰 채택을 크게 유보할 것입니다.

해외 공장에서 무인자동화생산라인 대금과 원료대금을 CTP토큰으로 대금 중 40%를 결제하는 협약이 되어 있습니다. 해외 공장을 할 사람들이 대량으로 매입하는 CTP토큰입니다.

코즈볼의 빅데이터가 필요한 코즈볼 플랫폼에 참여 기업입니다. 빅데이터를 열어볼 때 CTP토큰을 결제해야 합니다. 그리고 코즈볼 빅데이터로 개발된 제품은 CTP토큰을 받고 판매를 해야 하는 협약을 맺습니다.

코즈볼 플랫폼에 광고를 하는 기업이 사용합니다. 코즈볼 플랫폼에 광고하려면 CTP토큰을 가지고 광고를 시청하는 코즈볼 회원들에게 직접 리워드를 지급해야 합니다. 코즈볼 본사는 광고비를 받지 않습니다. 코인 가격이 상승하는 요인입니다. 이런 기업들은 추후 광고용으로 좀 더 여유있게 CTP토큰을 미리 매입해 놓습니다. 가상화폐의 투자 목적이 아니고 광고비 지불수단으로 CTP토큰을 사용하기 위해 매입하는 것입니다.

⑥ CTP토큰의 가치가 지속적으로 상승하는 이유?
토큰의 가치는 시장의 수요공급에 의해 결정되는 것이 기본입니다. 거기다가 토큰의 미래 발전 가능성을 확신한 가수요가 붙거나 아니면 2021년 초 비트코인처럼 투자전문기업들이 매수한다는 소문 때문에 거품이 발생하기도 합니다.

CTP토큰도 여기에서 크게 다르지 않습니다. 다만 실물 생산경제 플랫폼이라는 사상 초유의 실물결제 화폐로서 기능을 하는 CTP토큰의 가격 상승을 쉽게 점치기는 쉽지 않습니다.

일단 수요측면과 공급측면으로 나누어서 분석해 보겠습니다.

수요측면에서 수요의 크기가 가늠하기 어려울 정도로 크다는 것입니다. 코즈볼 화장품의 매력도가 너무 높아서 화장품 수요량이 상상을 초월할 것 같습니다. 세계 최초 개인별 매일 맞춤화장품이라는 컨셉은 세상 사람들을 놀라게 하기에 충분하다는 것이 이미 검증되었습니다. 2020년 세계 최고의 시장조사 매체인 트렌드헌터 사이트에서 세계의 최고 기술적 혁신 제품 1위에 선정되었고, 같은 해 한국 장영실 국제과학 대상을 수상한 이력이 그것을 말해줍니다.

화장품 포장용기 플라스틱은 지구환경 오염의 대표적인 주범입니다. 코즈볼은 토양과 해양에서 생분해 되는 바이오 플라스틱 용기를 3년여의 연구한 결과 끝에 개발을 완료하여 환경문제를 일거에 해결했습니다. 북유럽 벨기에의 국제 공인인증기관에서 인증을 받았으며 이것은 2021년에 불기 시작한 ESG경영의 화두에 딱 어울리는 제품입니다.

코즈볼 화장품은 기존 화장품에 필수적으로 첨가되던 방부제, 계면활성제와 같은 유해성분이 조금도 없는 100% 유효성분으로만 이루어진 화장품이라는 것이 혁신적인 큰 특징입니다. 1회용 볼타입의 포장 용기로 바꾸면서 공기 중 산소와 인체의 세균으로부터 오염되는 원인을 제거하였기 때문입니다.

화장품의 가격이 혁명적입니다. 기존 시중의 중저가 화장품의 반 이상 저렴하게 원가를 개선하였습니다. 무인자동화 생산라인 기계를 개발하여

24시간 완전자동으로 제품을 생산하는 방법을 채택했기 때문에 인건비가 전혀 들어가지 않습니다. 그리고 해외 수출에도 혁신적인 방법을 강구했습니다. 완제품을 수출하지 않고 무인자동화 생산라인을 해외 공장에 판매함으로써 수출품의 판매가격 인상을 방비하였습니다. 기계를 수입하는 것은 생산 장비이기 때문에 관세 환급대상이라 현지에서 생산원가 상승이 없다는 것입니다. 그리고 벌크로 원료를 수출하여 해외 공장에서 무인자동생산 체제를 만들어 넘으로써 국내외 동일한 가격의 제품판매가격을 실현할 수 있습니다.

이렇게 만들어진 코즈볼을 구매할 때 CTP토큰이 20% 할인권 역할을 합니다. 코즈볼 화장품을 구매하고자 하는 소비자들은 세계 어디서나 CTP토큰을 사서 코즈볼을 구매하고자 하는 강력한 동기를 가지게 됩니다.

각 나라 개인별 피부 특성에 맞춤 개념의 코즈볼 화장품의 판매량에 의해 CTP토큰의 수요가 결정되기 때문에 가격의 상승을 어디까지 예상해야 할 지 가늠하기 힘듭니다.

첫째, 수요측면은 해외 공장 개설 시 기계대금의 40%와 원료 수입 금액의 40%를 반드시 CTP토큰으로 결제를 해야 하는 협약이 있습니다. 그리고 이렇게 결제된 토큰은 모두 소각 처리하는 협약도 같이 있습니다. 이것은 수요와 공급 측면 모두 해당되는 내용입니다. 전 세계 100개국 정도 공장이 개설되고 코즈볼 화장품 시장 크기가 어떻게 만들어지는가에 따라 수요의 크기가 결정될 것입니다. 기계대금은 공장 오픈 시 한 번만 결제되지만 원료는 수시로 수출되기 때문에 수출 수요도 꾸준히 발생합니다.

둘째, 코즈볼 어플로 수집된 피부 생체 빅데이터를 연관 산업에서 구매

시 CTP토큰으로 결제해야 합니다.

셋째, 코즈볼 어플에 기업 광고를 의뢰할 때 CTP토큰으로 결제를 해야 하는 협약이 있습니다.

세상의 화장품 패러다임을 바꾸어 놓은 코즈볼 화장품에 대한 끊임없이 반복되는 소비에 따라 발생하는 수요의 크기를 감안하면 CTP토큰의 가치를 가늠하는 데 큰 도움이 될 것입니다.

이제 공급측면에서 살펴보겠습니다.

첫째, 소각 정책입니다. 해외로 기계 장비와 원료를 수출할 때 받는 CTP토큰은 전량 소각합니다. 소각은 공급량의 축소를 가져와 가격 상승과 직결됩니다. 수출 시 해외 공장은 거래소에서 CTP토큰을 매수한 다음 결제를 하는 과정을 반복하게 됩니다. 매수 금액이 크기 때문에 대량 매수에 따른 가격 상승과 소각에 따른 가격 상승이 상호 상승 작용을 일으켜서 가격의 급격한 상승을 이끌 가능성이 높습니다 블록체인의 특성은 투명성이고 개방성입니다. 소각하는 장면과 결과를 대외적으로 공개하기가 너무 쉬워 마케팅 효과가 클 것입니다.

둘째, ICO 투자자들의 자발적 조합의 코밋을 만들어 토큰의 분배를 시장의 수요량에 맞추어 분배하기 때문에 시중 공급량을 조절합니다. 이것은 거래소에 공급되는 토큰의 유통량을 조절하는 효과가 있어서 안정적인 가격 상승을 가져오게 됩니다.

셋째, 대기업의 투자 수요입니다. 코즈볼 회사는 주식을 상장하지 않습니다. 대기업은 단기 시세 차익이 목적이 아니고 장기 투자 관점의 자산 포트폴리오 개념이기 때문에 유통량의 축소 효과가 있습니다.

위에서 살펴본 대로 20% 할인과 수출 대금 중 40%를 CTP토큰으로 받는다는 것은 회사가 돈을 벌어서 토큰에 가치를 싣는다는 것과 동일합니다. 다시 말해 돈을 벌어서 그 돈으로 토큰을 매수하는 것과 동일한 뜻입니다. 현재 주식시장에서 회사가 돈을 벌어서 자사주를 매수하여 주가를 올리는 것과 같습니다. 빅데이터 대금과 광고비 대금을 CTP토큰으로 받는 것도 같은 의미입니다.

개인별 매일 맞춤 화장품이라는 새로운 경기장에서 독보적인 1위 기업의 프리미엄에 따른 가격 상승의 효과도 충분히 예상 가능합니다. 그리고 실물 생산경제 플랫폼 중 토큰 이코노미 경제 생태계는 세계 최초로 보여주는 모범적인 사례로서 프리미엄도 같이 고려해야 할 것입니다.

⑦ 코즈볼 화장품 특징과 기술은 무엇인가?
코즈볼이 개발한 개인별 매일 맞춤 화장품은 화장품 산업에서 어떤 의미를 가지는지 살펴보겠습니다.
세상에 맨 처음 개발되어 나오는 모든 물건들은 어떤 물건이나 하나도 예외가 없이 인간이 생존하는 데 불편함을 해결하기 위해서 만들어졌거나, 아니면 기존에 있던 어떤 물건의 문제점을 해결하여 새롭게 재탄생한 것입니다. 완전히 새로운 것이거나 기존의 것과 다른 물건이 만들어지면 필연적으로 그 물건을 만들어내기 위한 지식과 개념이 생산됩니다.

그래서 새로운 물건을 수입한다는 것은 그 물건이 만들어지기 위한 지식을 수입한다는 뜻입니다. 지식은 권위를 가지게 됩니다. 자칫하면 그 지식을 숭배하고 지식의 종속적 상태로 들어갈 위험이 있습니다. 새로운 장르의 물건을 만들어내지 못했다는 것은 새로운 지식을 생산해내지 못했다는 말이 됩니다. 우리나라는 물건을 잘 만듭니다. 하지만 처음 시작한 물건은 거의 없습니다. 인류 보편적으로 사용되는 물건, 비행기, 자동차. 밥솥. 냉장고 등등 우리 주변의 모든 물건들을 한번 둘러보세요. 우리나라가 처음 만들기 시작한 것들이 얼마나 되는지 찾기가 대단히 어려울 것입니다.

근래에 매스컴을 통해 대단히 충격적인 뉴스 하나가 전해졌습니다. 스마트폰 생산량으로 세계 5위 안에 들던 글로벌 기업인 LG전자가 6년간 무려 5조의 적자를 내고 더 이상 견디지 못해 스마트폰 사업에서 철수한다는 것입니다. 시장을 선도하지 못하고 남이 만든 물건을 따라 만든다는 것이 얼마나 위험한 일인 지 단적으로 보여주는 사례가 아닌가 싶습니다. 5조원의 적자금액은 상상을 초월하는 금액입니다. 코로나 전국민재난지원금이 12조7천억원인 것을 감안하면 5조원의 적자금액이 얼마나 큰 돈인지 상상해볼 수 있습니다.

코즈볼 화장품은 세계 최초로 개인별 매일 맞춤화장품이라는 컨셉을 생산해 냈고 이것을 일상으로 만들어 내기 위해 4차 산업혁명의 기술과 융합을 통해 생산해낸 세계 최초의 인류 보편적인 지식이 여러 가지 있습니다. 대한민국이 유사 이래 지식수입국에서 지식수출국의 길을 열어 젖힌 거의 첫 사례가 아닌가 싶습니다.

스마트폰의 혁신 사례를 가지고 설명하면 코즈볼의 개념을 이해하는 데 훨씬 도움이 될 것 같습니다.

스티브 잡스는 스마트폰 시장에서 70% 정도 시장점유율을 갖고 있던 절대 강자였던 노키아나 모토로라의 휴대전화가 가지고 있던 근본적인 문제점과 그 원인을 정확하게 파악해냈습니다. 그리고 차별적인 제품이 아닌 완전히 다른 스마트폰을 개발하여 휴대전화 시장의 판을 새로 짰습니다. 그래서 지금은 모든 스마트폰이 아이폰이 짠 판 위에서 서로 경쟁하고 있습니다. 경기장이 바뀌었습니다.

노키아나 모토로라와 같은 회사의 연구소에는 세계적인 권위를 가진 석학들이 많았을 것입니다. 하지만 자기들의 제품이 가진 결정적인 문제점을 발견하지 못했습니다. 왜 이들은 스티브 잡스가 발견한 문제점을 발견하지 못하였을까요?

지금까지 스마트폰과는 아무런 상관이 없던 스티브 잡스는 스마트폰을 다르게 생각했습니다. 스마트폰의 새로운 기준을 세웠습니다. 전화기가 노트북처럼 똑똑하면 얼마나 좋을까? 그리고 세 살 먹은 애들도 사용하기 쉬우면 얼마나 좋을까? 새로운 기준을 가지고 기존의 유명 피처폰을 들여다보니 똑똑하기는 유아 수준의 장난감 같고, 사용하기는 상당히 어려운 기기들이라는 사실을 발견했습니다.

그럼 왜 똑똑하지 못했고 사용하기 어려운 근본적인 원인은 무엇이었을까요? 스티브 잡스는 그런 문제의 근본 원인이 모든 제품들이 한결같이 가지고 있는 화면 밑에 있는 플라스틱 버튼 때문이라는 것을 발견했습니다. 그것이 있음으로 인해서 새로운 어플이 나와도 업그레이드가 쉽지 않았고 빠른 속도의 CPU를 장착하기도 어렵고 사용하기도 어렵다는 것을 알고, 단칼에 모든 버튼을 없애고 현재 스마트폰과 같이 대형 화면으로 바꾸었습니다.

그렇게 제품을 설계해 놓고 보니 동작하는 방법이 새로워져야 한다는 것을 알았고 결국 3년간 2조원을 투입하여 누구나 가지고 있는 손가락으로 동작할 수 있는 '멀티 터치 기술'을 개발하고, 200여 가지의 특허를 등록하게 되었습니다

휴대전화 제품들이 경쟁하는 장이 바뀌는 바람에 기존의 모든 휴대전화들은 박물관 속으로 사라지는 현상이 발생했습니다. 시간이 그리 오래 걸리지 않았습니다. 경쟁하는 판이 새로 짜였기 때문에 기존의 무기로는 싸울 수가 없는 판이었습니다.

그럼 화장품은 어떤가요? 동서고금을 막론하고 몇백 년을 내려온 화장품의 포장은 예나 지금이나 같은 개념입니다. 모두 큰 통에 담겨있고 여러 날 사용하는 개념입니다. 포장 재질은 예쁜 두꺼운 플라스틱이나 유리병이 대부분입니다. 화장품에 들어가는 수십 가지의 원료 대부분이 산(acid) 종류입니다. 플라스틱과 반응을 일으키지 않도록 거의 분해가 되지 않는 석유화학물질로 이루어진 플라스틱을 포장용기로 사용합니다.

메이커나 종류를 불문하고 예쁘고 화려한 화장품 병(甁) 속에 들어있는 모든 화장품들이 안고 있는 병(病)은 무엇일까요? 어떤 큰 문제점들을 가지고 있을까요? 그리고 그 근본 원인은 무엇인가요?

먼저 기존 화장품들이 가진 문제들부터 살펴보겠습니다.

첫째, 화장품 용기로 인한 환경오염입니다. 지구의 지속적 존속을 걱정하는 수준의 환경오염의 주범인 플라스틱의 많은 부분이 화장품 용기라는 것은 이미 잘 알려진 사실입니다. 태평양의 하와이 섬 북동쪽에 있는 한반도 16배나 되는 플라스틱 쓰레기점의 존재가 1997년에 발견된 이래 인류는 플라스틱의 환경오염의 심각성을 절실히 실감했습니다. 플라스틱 사용을 줄이려고 많은 노력을 기울였지만 근본적인 해결책을 내지 못하고 오히려 플라스틱 사용량이 늘어만 갔습니다.

둘째, 방부제나 계면활성제와 같은 유해성분의 필수 내용물입니다. 이런 나쁜 성분들은 장기간 큰 용기에 화장품 원료를 담아서 보관하면서 부패를 막고 물과 기름이 잘 섞여서 층이 지지 않도록 하기 위해 필수적으로 들어가는 유해 성분들입니다. 이런 유해성분들로 인해 경피독 문제가 발생하고 인류의 건강에 많은 피해를 야기하고 있습니다. 경피독은 서서히 인간의 신체에 해를 입히기 때문에 당장 그 심각성을 실감하고 있지 못할 뿐입니다.

셋째, 매일 피부상태가 달라지는 개인별로 차이가 있는 피부상태에 맞춤 화장품이 안 된다는 점입니다. 자기 피부에게 맞지 않는 화장품을 매일 바를 수밖에 없는 것이 문제입니다. 화장품을 구매하면 3~4개월 사용하게 되는데 계절별로 다른 날씨 환경을 맞출 수가 없고 인종별로 다른 피부상태를 맞출 수가 없습니다.

넷째, 2주만 지나면 병 속 유효성분의 기능이 모두 사라지고 남은 유해성분으로만 된 화장품을 사용하게 된 것입니다. 화장품 원료가 산 종류가 대부분이고 천연성분이다. 보니 뚜껑을 열었다 닫았다 하면서 2주 정도만 지나면 산은 모두 날아가고 천연성분은 기능을 상실한 상태가 되고 맙니다.

다섯째, 가격 거품입니다. 병이나 플라스틱 용기가 원가의 70% 이상을 차지합니다. 화장품을 예쁘게 보이도록 하여 구매욕구를 자극하기 위해 값비싼 포장용기와 인쇄물과 포장지를 사용합니다. 화장품의 내용물은 눈에 보이지 않으니 하나같이 대부분 모든 회사들이 포장 용기의 개선에만 열중합니다. 이것은 이미 수많은 언론이나 전문 서적에서 다룬 문제입니다.

위와 같은 모든 문제의 근본 원인은 무엇일까요? 그 문제의 원인이 무엇인지는 대기업들이 알고는 있을까요? 알고 있었다면 왜 해결책을 제시하지 못했을까요?

병 속에 든 모든 화장품들이 안고 있는 문제점들의 근본 원인은 바로 병(瓶) 때문입니다. 즉 유리 용기나 플라스틱 대형 용기에 담겨있기 때문에 위와 같은 문제가 생기게 됩니다.

문제의 원인을 알았으니 해결책은 간단하지 않을까요? 유리병이나 플라스틱 대형 용기에 담지 않으면 됩니다.

그럼 어디에다가 포장을 해야 하는가 하는 새로운 과제가 도출됩니다. 여기서부터 머리가 아파지기 시작합니다. 아모레나 LG생활건강 등 대기업의 연구소에 많은 석·박사 연구원들이 있을 것입니다 전 세계적으로도 아직까지 이 문제를 해결하지 못한 것을 보면 해결책이 보통 어려운 것이 아니라는 것을 알 수 있습니다.

코즈볼은 4차 산업혁명의 핵심기술에서 인사이트를 얻었습니다. 4차 산업혁명이 가져오는 트렌드의 대표적인 것 중에 하나가 개인 맞춤화 산업입니다. AI, 빅데이터, 블록체인이라는 기술이 있기 때문에 개인 맞춤화 트렌드가 일상이 된 것입니다.

코즈볼은 화장품과 아무 관련 없어 보이는 4차 산업혁명의 기술들을 화장품과 초융합하여 개인별 매일 맞춤 화장품이라는 컨셉을 생산해 냈습니다. 이 개념을 현실로 만들기 위해 1회용 포장타입으로 기존 유해성분 등의 문제점들을 해결할 수 있고, 환경의 문제는 생분해 바이오 플라스틱 재질을 개발해서 사용해야 한다는 결론에 도달했습니다. 4년간 300억의 투자비를 쏟아부어 오늘에 이르게 되었습니다.

1회용으로 포장하면 산소와 접촉할 수 없고 매일 손으로부터 세균이 용기안으로 침투할 일 없으니 방부제를 넣을 필요가 없어졌고 소량의 원료가 1회용에 포장되어 있으니 물과 기름이 분리되지 않아서 계면활성제를 넣지 않아도 됩니다. 그리고 무인자동화 생산라인 기계 장치를 개발하여 24시간 생산되기 때문에 거품 가격을 완전히 제거할 수 있었습니다.

스티브 잡스가 기존의 휴대전화에 있던 버튼을 제거하기로 마음먹은 순간 멀티 터치 기술을 개발해야 할 필요성을 깨닫고 4년간의 노력 끝에 기술개발을 완성화여 근본적으로 다른 차원의 스마트폰을 탄생시켰듯이, 코즈볼도 대형 포장용기가 모든 문제의 근본 원인임을 알고 병을 제거하기로 마음먹는 순간 새롭고 다른 포장용기가 필요하다는 것을 알았고, 지금의 1회용 생분해 바이오 플라스틱 용기를 개발하여 완전히 새롭고 다른 화장품인 코즈볼을 개발하였습니다.

코즈볼은 기존의 화장품이 야기하는 지구촌 지속적 생존과 직결된 환경 오염 문제를 해결하는 데 큰 해결책을 제시했고, 인간을 경피독의 위험으로부터 해방시키는 친인간적인 화장품으로 만들었으며, 화장품의 궁극적 지향점인 개인별 매일 맞춤 화장품을 실현한 혁신적인 화장품입니다. 인류 보편적 가치를 모두 담아냈습니다.

화장품 산업도 새로운 판이 짜여졌습니다. 개인별 매일 맞춤화장품이라는 새로운 경기장에서 경쟁을 해야 합니다. 그리고 친환경(생분해 바이오 플라스틱), 친인간(무유해성분). 합리적 가격이라는 무기를 가지고 있어야 새로운 경기장에 입장할 수 있습니다.

국제CTP특허 인증

바이오플라스틱 토양, 해양 생분해 성능인증

장영실 국제발명 대상 수상- 2020년

킨텍스 맞춤화장품 컨퍼런스 발표회사로 선정됨

⑧ 메타버스 세계와 현실 세계 동기화

요즘 신문지상에 연일 오르내리는 메타버스의 세계가 우리 앞으로 성큼 다가왔습니다. 지금까지는 일부 사람들의 게임 세상 정도로 치부하고 있었는데 새로운 경제 활동 공간으로 재탄생하고 있습니다. 메타버스는 초월이란 의미를 가진 메타(meta)와 현실 세계를 뜻하는 '유니버스(universe)'를 합성한 용어로서, 기존의 가상현실보다 확장된 시스템으로 주목받고 있는 세계입니다.

아직도 현실 세계와 메타버스 가상세계와는 동기화되지 않고 동떨어져 있는 상태로 각각 동작되고 있습니다. 2020년 9월 방탄소년단이 '다이너마이트'라는 신곡을 유튜브나 음악방송이 아닌 메타버스에서 발표하면서 전 세계 사람들의 이목을 집중시켰습니다. 미국 조 바이든 대통령도 후보 시절에 메타버스를 이용한 유세를 하기도 했습니다.

이것을 현실 세계의 일상 생활과 동기화시킨 메타버스 세계를 실현할 수 있는 것이 개인 맞춤화 개념입니다. 현실 세계에서 개인 맞춤화의 개념으로 상거래가 이루어지면 메타버스의 자기 아바타가 현실 세계의 상거래 내용에 의해 아바타가 성장하게 됩니다.

앞서 들었던 예를 다시 확장해서 설명해보겠습니다.

현실 세계에서 골프 선수가 되고 싶었는데 경제적인 여건이나 신체적 핸디캡이 있어서 꿈을 포기하고 다른 일을 하면서 골프를 취미활동으로 지속하고 있는 사람이 있습니다.

코즈볼 플랫폼에 참여한 협력업체가 판매하는 맞춤형 신발과 의류 그리고 골프장비 등을 CTP토큰으로 결제합니다. 그러면 메타버스 세계의 자기 아바타의 장비 능력이 향상됩니다. 좋은 장비를 준비한 후 스윙을 향상시키기 위해 골프 레슨을 받으면서 CTP토큰을 지불하면 또 메타버스의 자기 아바타 능력이 그만큼 향상됩니다. 체력을 향상시키 위해 피트니스를 받으면 아바타의 체력이 향상됩니다. 코즈볼 어플로 매일 자기 피부 상태를 진단하여 맞춤 화장품 코즈볼을 사면서 CTP토큰을 지불하면 아바타의 피부 상태가 향상됩니다.

이렇게 현실 세계와 메타버스 세계의 자기 아바타가 동기화될 수 있는 연결고리가 맞춤형 컨셉을 가진 코즈볼 플랫폼 토큰 이코노미 생태계에서 가능해집니다.

어느 날 메타버스 세계에서 골프 대회를 개최합니다. 우승 상금이 5000만원이라고 하면 현실 세계에서 열심히 운동하고 경제활동을 하면서 노력한 결과를 가지고 메타버스에서 우승하면 현실의 꿈을 나의 아바타가 대신 이루어 준 재미난 일이 생깁니다. 이것이 현실 세계와 메타버스 세계의 동기화입니다.

다른 예를 들자면, 유튜브 방송을 너무도 하고 싶은 사람이 있습니다. 카메라 앞에 직접 나서는 것이 무서운 사람들은 자기 아바타를 이용하여 유튜브 방송을 할 수가 있습니다. 이럴 때 현실 세계에서 멋진 유튜브 방송을 위하여 원고 쓰는 연습을 위한 학원비를 CTP토큰으로 결제를 하고 좋은 카메라 장비를 사느라 CTP토큰으로 결제를 하면 아바타가 방송하는 유튜브 방송의 질이 좋아지게 만들어집니다. 현실을 열심히 살아야 하는 이유가 존재하게 만들어 주는 메타버스 세계와 현실 세계의 동기화를 위한 징검다리 역할을 맞춤형 서비스가 가능한 코즈볼 플랫폼 토큰 이코노미 속에서 실현이 가능합니다.

3. 코즈볼의 창의성은 무엇인가?

브랜드와 국가를 막론하고 기존의 모든 화장품들이 공통적으로 가지고 있는 근본적인 문제점들을 한 번에 해결하기 위해서는 지금까지 와는 완전히 다른 창의적 해결방법을 강구해내야만 합니다.

근본적인 원인인 병을 제거하고 새로운 포장용기를 생각한 것이 1회용 포장방법이었고 자연환경을 훼손하는 문제를 해결하기 위해서는 바이오플라스틱이어야 한다는 것에 착안하였습니다.

1) 생분해 바이오 플라스틱 외피(포장용기) 개발

생분해 바이오 플라스틱은 많이 개발되어 있지만 화장품용 바이오 플라스틱이 국제적으로 개발된 사례가 없었습니다. 화장품 원료의 특징은 사람의 가장 민감한 부분인 얼굴에 바른 다는 점과 대부분 산(acid) 성분이 많으며 종류가 수십 종류에 이른다는 것입니다. 산은 플라스틱과 반응할 수 있는 가능성이 높다는 것과 소비자들이 오랜 기간을 보관할 수도 있기 때문에 화학반응이 일어나 좋지 않은 결과를 만들어낼 위험을 안고 있습니다.

생활쓰레기 봉투용이나 서류 보관함 같은 경우 많이 개발되어 있으나 화장품용으로 개발된 생분해 바이오 플라스틱이 없어서 한국에서 바이오 플라스틱 전문개발 업체인 주식회사 알앤에프케미칼(R&F chemical)과 공동으로 3년간의 연구 끝에 개발을 완료했습니다.

전 세계의 플라스틱 정책은 아직도 ⑴ 감량(Reduce), ⑵ 재활용(Recycle), ⑶ 재사용(Reuse), ⑷ 대체(Replacement)의 순입니다. 코즈볼은 순전히 자체 연구개발비만으로, 지구를 살려야 한다는 신념으로 근본적인 해결책인 대체를 위해 생분해 바이오 플라스틱을 개발한 것입니다. ESG (Environment, Social, Governance) 기업의 사회적 책임을 다하는 가장 확실한 길이 대체물을 개발하는 것입니다.

2) 화장품에 4차 산업혁명 핵심기술 접목

4차 산업혁명의 기술을 공장의 생산 자동화에 적용한 것이 아니라 플랫폼 기업으로 화장품 회사가 자리를 잡는 용도로 적용했다는 것이 코즈볼의 탁월한 높은 수준의 창의적 사유 능력을 보여주는 것입니다.

새로운 창의적인 비즈니스 생태계를 만들어 내어 기업 고객 가치를 극대화시켰습니다. 지금까지는 단순하고 수동적인 소비자 지위에 머물렀던 가치 전달 체계의 마지막인 소비자들을 플랫폼 발전의 적극적인 공헌자 혹은 참여자로 가능하게 만든 비즈니스 플랫폼이 탁월합니다. 적극적인 참여자들의 활동으로 인해 성장 잠재력이 대단히 큰 것이 코즈볼 플랫폼의 매력도입니다.

3) 공장 수출 개념 실현

화장품의 수출은 완제품이 넘어가는 것이 일반화된 패러다임입니다. 수출된 화장품은 수입국에서 관세 등의 이유로 높은 가격에 팔리게 됩니다. 그리고 코로나와 같은 예상치 못한 자연적인 원인과 특히 중국 사드의 문제와 같이 갑작스러운 정치적인 원인으로 인해 수출에 막대한 차질을 빚을 때가 있습니다.

그리고 해외에 공장을 지으려면 각종 인허가 문제도 오폐수 등의 문제로 허가가 쉽지 않습니다.

그래서 완벽하게 24시간 무인으로 자동적으로 코즈볼을 생산하는 무인자동화생산라인을 3년간에 걸쳐 개발을 완료했습니다. 독점적 생산권을 계약한 해외 공장은 한국으로부터 벌크로 화장품 원료를 수입하여 기계에 물리기만 하면 자동으로 생산이 됩니다.

자동화 생산라인 기계 1대의 크기가 길이 3.5미터, 세로 1미터의 소형으로 제작하여 해외공장설립의 문제점과 완제품 수출 문제 2가지를 동시에 해결했습니다. 전 세계가 동일한 판매가격을 유지할 수 있는 기술적 해결을 했습니다.

4) 인류 최초 개인별 매일 맞춤 화장품 생산

지금까지 모든 화장품은 개인 맞춤도 매일 맞춤도 아닌 개인 특성을 무시한 화장품이었다면 코즈볼은 매일 변하는 날씨와 매일 변하는 피부의 상태를 리얼 타임으로 AI 어플리케이션의 측정 진단에 의해 솔루션을 제공받는 것입니다.

상상조차 할 수 없던 개념을 생산했고 그 개념을 4차 산업혁명이 가져온 새로운 기술들과 융합하여 창의적인 발상으로 꿈에서 현실로 내려오게 만들었습니다.

5) CTP토큰 이코노미 구축

시스템이 유기적으로 동작될 수 있게 잘 짜여진 코즈볼 CTP토큰 이코노미는 중앙이 직접 가치를 생산하는 근본인 제조업 생산기능을 출발점으로 하여 플랫폼의 확장성이 시작된다고 하는 것이 기존의 토큰 이코노미들과 근본적인 차이를 만들어 내고 있습니다. 그것도 기초 화장품 산업의 판을 바꾼 혁신적인 화장품을 출발점으로 한다고 하는 것입니다.

인터넷 기반의 중앙집중식 플랫폼은 주변의 참여자들이 생산한 가치를 서로 연결시켜주는 장을 제공한 대가로 수수료를 받는 것이 본질이라, 중앙과 참여자들 사이에는 항상 갈등의 불씨를 품고 있으며 중앙의 갑질이 언제든지 준비되고 있습니다. 우버나 에어비엔비의 참여자들은 직접 소비자들에게 서비스를 제공하며 가치를 만들어 내지만 기초 소득 이상의 소득을 벌기 어렵습니다.

블록체인 기술기반 프로토콜 플랫폼은 중앙의 부재로 플랫폼의 확산 속도가 늦습니다. 그리고 소수의 기술 기업들만 네트워크 참여자이기 때문에 가치 생산 크기가 작은 한계가 있습니다.

코즈볼 플랫폼은 화장품의 궁극적 도착점인 '개인별 매일 맞춤 화장품'의 개념을 현실화시키고, 개인들이 매일 자기 피부 상태를 측정하여 소중한 자기 피부를 알고 싶은 잠재되어 있던 최종적인 니즈를 충족시켜 주는 AI 어플리케이션이 지구촌 모든 소비자들을 코즈볼 네트워크 발전의 공헌자로 참여시키는 모델을 완성하였습니다.

중앙은 끊임없이 가치를 생산하여 그 가치를 참여자들에게 분배합니다. 이것이 파이프라인 생산기업의 역할입니다. 참여자들은 매일 적극적인 네트워크의 발전에 참여하는 것이 개인들의 발전에 도움이 된다는 것을 자각하여 플랫폼의 가치 생산의 선순환 구조가 완성되어 플랫폼의 크기가 급속히 확장될 가능성을 내포하고 있습니다. 결국 마지막 소비자까지 플랫폼의 적극적인 참여자로서 공헌을 하는 것이 플랫폼 전체의 가치 증대에 도움이 되고 증대된 가치를 참여자 모두가 민주적이고 합리적인 절차에 의해 분배하는 참여형 상생경제 체제라는 새로운 플랫폼이 완성됩니다.

4. 코즈볼 화장품이 탄생한 철학적 사유는 어떤 것인가?

코즈볼은 어느 순간 하늘에서 툭 하고 떨어진 것이 아닙니다. 코즈볼은 근 30년을 화장품만을 사랑한 사람들의 피땀 어린 노력과 도전으로 창조된 화장품입니다.

지금까지 수많은 매스컴을 통해서 화장품 포장용기로 인한 환경 문제가 제기되었습니다. 특히 2021년 들어서 ESG경영(Environmnet, Social, Governance)이 화두로 떠오르며 플라스틱의 환경오염 문제가 더욱 이슈가 되고 있습니다. 한 신문의 기사 제목에 "고급 화장품을 샀는데 예쁘고 두꺼운 플라스틱 쓰레기를 샀다"라고 실린 것을 본적이 있습니다. 두꺼운 플라스틱 속에 정작 필요한 내용물은 눈꼽만큼 들어있고 가격은 터무니없이 비싸다는 것입니다. 하지만 여전히 화장품 회사들은 누가 더 예쁘고 더 두꺼운 화장품 병인가 내기하듯이 만들어 광고하고 있습니다.

그리고 화장품 병 속에 담긴 유해성분들의 문제점들에 대해 지적하는 논문이나 기사도 한두 군데 실린 것이 아닙니다.

그럼에도 불구하고 이런 근본적인 문제점 해결의 노력은 커녕 어떤 화장품 연구소의 보고서를 보면 포장용기가 제품의 중요한 경쟁력 중 하나라며 본질을 호도하고 있는 것을 봅니다.

코즈볼 화장품 개발진들이 여러 매체에 기고한 기고문을 보면 이런 화장품들의 비정상적인 구조를 바로잡아야 한다고 목소리를 높이고 있었습니다. 화장품의 이런 근본적인 문제점을 해결해야만 지구는 지속적으로 존속할 수 있고 인간들에게 필수적인 물건인 화장품을 제자리에 돌려놓을 수 있다는 것을 정확하게 지적하고 있습니다. 하지만 어느 누구도 먼저 나서서 이 문제를 해결하기 위한 도전을 하지 않았습니다.

코즈볼 개발진들의 여러 기고문 내용을 세심하게 살펴보면 화장품이 가지고 있는 근본적인 문점들을 심도 있게 지적하며 해결 방법을 깊게 고민한 흔적이 역력합니다. 세상을 향해 화장품의 유해성분과 플라스틱 포장용기의 문제를 해결해야 한다는 것을 글을 통해 발표한 것을 보면 오랜 기간 깊은 생각 속에서 숙성된 자각으로 보입니다. 아마도 그때의 자각이 시간이 흐를수록 점점 더 깊어져서 꼭 해결해야 할 사명으로 다가오지 않았나 하는 생각이 듭니다.

왜냐하면 화장품의 문제와 문제의 원인이 포장 용기라는 정답까지 세상 사람들에게 가르쳐 주었는데 어느 누구 하나 나서서 그것을 해결하겠다고 하는 사람도 회사도 없었기 때문입니다. 얼핏 생각하면 화장품으로 돈을 많이 버는 아모레나 LG 같은 대기업들이 지구촌 환경과 인류를 위해 개발에 나서야 할 것 같지 않나요?

혁신이라고 하는 것은 항상 주변부에서 발생하여 그 혁신이 중심부를 밀어내고 주변부가 중심부가 됩니다. 새로운 중심부는 또 새로운 주변부의 혁신에 의해 밀려나고 하는 것이 역사가 가르쳐 준 진리입니다. 태풍의 중심부에 있으면 주변부에서 부는 바람의 강도를 알지 못하듯이 중심부에 있는 회사들은 자기가 만들어 내는 제품이 최고인 줄 착각합니다.

스마트폰 시장에서 노키아나 모토로라가 좋은 교훈적인 사례를 보여주었습니다. 자기네들이 만드는 제품이 가장 똑똑하고 가장 사용하기 편리하다고 생각하고 있었습니다. 그때까지는 그 말이 맞았습니다. 당시 노키아는 시장의 50% 이상을 점령하는 어마어마한 기록을 세우고 있었습니다. 하지만 갓 태어난 신제품인 아이폰에 의해 '휴대전화 시장의 표준은 노키아가 세운다' 라는 유명한 말을 함께 노키아는 박물관 속으로 사라졌습니다.

현재 유명 화장품도 노키아나 모토로라의 우를 범하고 있지는 않을까요? 아름다운 예쁜 병 속에 들어 있어 멋지게 보이는 화장품을 소비자들이 환호하면서 사주고 있습니다. 여기저기서 세계 최고의 유명 연예인들이 비싼 모델료를 받은 대가로 병 속의 화장품이 정말 좋다고 말하고 있고 잘 팔리고 있습니다. 하지만 잘 팔리는 만큼 지구의 신음소리는 깊어 가고 인간의 존엄한 아름다움은 점점 더 왜곡되어 가고 있습니다. 지구와 인간은 아름답게 하나 되는 공존의 절대가치를 회복해야 합니다. 이것을 자각한 코즈볼은 4년 전 이런 시급하고 중차대한 문제를 더 이상 미룰 수 없고 직접 해결해야만 한다고 결심하고 개발을 선포했습니다.

"우리가 지금 이 일을 하지 않으면 죽을 때 후회할 것 같아서 길을 나섰다."

코즈볼은 공포와 희망이 교차하는 미지의 세계를 향해 대항해를 시작하게 됩니다.

코즈볼과 같은 혁신적인 제품을 개발할 수 있었던 이유는 무엇일까요? 앞으로 한국의 다양한 다른 산업 생태계 내에서도 이런 혁신적인 제품이 개발되어야 세계를 리드할 수 있지 않을까요? 선진국이란 새로운 물건들을 많이 개발했고 그럴 수 있는 내부의 역량이 있는 나라들을 말합니다. 중진국이나 후진국은 그것을 따라 가며 선진국이 만들어낸 것을 채워주는 역할을 합니다. 그래서 산업혁명 이후 형성된 세계 질서가 여전히 그대로입니다. 아직까지 한 번도 후진국이 선진국으로 올라선 예가 없습니다. 약 300년 전의 선진국이 지금도 여전히 선진국입니다.

한국은 아직도 선진국이 아닙니다. 중진국의 최상위 레벨에 올라선 나라입니다. 국가별 명목 GDP 기준으로는 2021년에 드디어 세계 10위까지 올라서는 세계 대국의 나라가 되었습니다. 생산 규모나 교역 규모로는 선진국 수준인데 우리 내부에서도 외국에서도 우리나라를 아직 완전한 선진국으로 보지 않고 있습니다. 물론 2021년 영국에서 개최된 G7회의에 우리나라가 초청되어 국제 문제를 논의하는 데 당당히 합류했다는 것은 세계 속에서 대한민국의 위상을 보여주기에 충분합니다. 2022년에는 D11(Democracy 11, 바이든 미국 대통령 공약 사항)의 회원국이 되어 독일 회의에 참석할지도 모릅니다.

코즈볼은 천편일률적으로 병에 담긴 화장품을 인류 최초로 '개인별 매일 맞춤화장품'이라는 새로운 지평으로 밀어 올린 멋진 창조물입니다. 대한민국을 선진국으로 끌어 올리는 교두보 역할을 하는 사례라고 필자는 생각합니다. 코즈볼이 화장품의 새로운 장르를 열어 젖혔습니다. 그래서 다방면에서 코즈볼을 분석하고 연구하고 있는 것입니다. 코즈볼과 같은 혁신적인 사례가 한국의 다른 산업 분야에서도 많이 나타나기를 기원하는 간절한 마음이 있습니다.

우연한 기회에 고려대학교 철학과 학생 모집 요강에 "철학은 실용적이지 않지만 철학 없이는 그 어느 것도 실용적이지 않다"라는 문구를 보았던 기억이 납니다. 스티브 잡스는 미국 리드 칼리지라는 대학의 철학과를 중퇴하고 동양의 선불교에 깊이 심취했다고 합니다. 그는 항상 제품을 개발할 때 인문적인 것과 기술적인 것의 중간에 있으려고 노력한다고 했습니다.

투자의 귀재, 헤지펀드의 대부인 조지 소로스도 런던 정경대학교의 철학과 출신이고, 마이크로 소프트 회장인 빌 게이츠도 독서광으로서 철학을 깊게 공부하고 있다고 합니다. 21세기 4차 산업혁명 시대에는 산업혁명의 기술 중심의 패러다임에서 벗어나 초융합의 폭넓은 사고를 통해서 산업에 인사이트를 불어넣어야 한다고 합니다.

"계산된 창의와 혁신이 성공을 만든다"고 코즈볼은 얘기합니다. 창의와 혁신은 어느 날 갑자기 하늘에서 툭 하고 떨어지는 것이 아니고 오랜 시간을 거쳐서 죽을 만큼 자기가 사랑하고 좋아하는 일을 반복하고 반복했을 때 어느 순간에 선물처럼 다가온다고 합니다.

지구와 인간을 화장품의 모순된 산업 구조로부터 해방시켜 제자리로 돌려 놓고야 말겠다는 사명감을 바탕으로 연구개발에 정진하면서 4차 산업혁명과 화장품을 연결하여 전혀 새로운 차원의 완전히 다른 화장품을 개발했다고 볼 수 있습니다. 스티브 잡스는 창의성은 다양한 경험을 연결한 결과에서 나온다고 말합니다. 이런 철학적 사유 능력이 없으면 4차 산업혁명의 핵심 기술과 화장품을 연결시키는 추상적 능력을 발휘할 수 없었을 것입니다.

코즈볼 화장품이 어떤 철학적 바탕 위에서 개발되었는지 한눈에 알 수 있는 시 한 편을 소개합니다.

코즈볼이 둥근 이유는 뭘까요?

화장품은 기술보다는 양심, 양심보다는 철학을 가지고 만들어야 합니다.

밥은 몸을 이루는 양식이지만 화장품은 몸도 마음도 먹이고 입히는 인간만의 존엄한 아름다운 양식이기 때문입니다.

코즈볼이 둥근 이유는 지구가 둥글고 사람 얼굴이 둥근 것처럼 사람과 자연 모두가 아름답게 하나 되는 공존의 절대 가치를 담고 있기 때문입니다.

비록, 그 길이 아무리 멀고 험한들 굴러도 굴러도 쓰러지지 않는 둥근 공처럼 코즈볼은 더 멀리 더 크게 굴러갈 것입니다.

위 시에서 화장품은 인간만의 존엄한 아름다운 양식이라고 정의를 내리고 있으며 '사람과 자연이 아름답게 하나되는 공존'이라는 절대 가치를 실현하기 위해 코즈볼을 개발했다고 분명히 밝히고 있습니다.

머리부터 발끝까지 환경을 살리겠다는 생각으로 무장된 코즈볼 정신을 엿보는 사례 하나 더 소개합니다.

코즈볼 단품 솔루션을 개발하면서 코즈볼을 소비자들이 집에서 보관할 통을 만드는 일이 남았습니다. 최대한 고급스럽고 예쁘고 멋지게 디자인 해야 하면서도 동시에 환경은 보호해야만 하는 것이 코즈볼 정신입니다.

맨 처음에는 외관을 고급스러운 목재를 사용하고 안쪽은 유리로 마감하 여 계속해서 재사용하는 예쁜 통으로 계획했습니다. 그런데 나무는 지구 의 허파 역할을 하는 산소 생산 공장입니다. 나무를 사용하는 것은 코즈볼 철학과 배치되는 일입니다.

다시 개발진들은 머리를 맞대고 연구에 연구를 거듭하다가 콜크를 사용 하는 것이 좋겠다는 생각에 도달했습니다.

콜크는 굴참나무의 껍질로 완전 친환경 소재로 알려져 있습니다. 전 세 계 생산량의 70% 정도가 지중해 부근 나라에서 생산되며 포르투갈에서 세 계 생산량의 약 50% 정도가 생산됩니다.

콜크는 나무 껍질의 일정 부분만을 채취하기에 절대 나무를 죽이지 않 는 아주 바람직한 자연환경 보존 채취 방식을 가지고 있으며 채취된 나무 껍질은 8~10년 정도가 지나면 완전 재생되어 다시 콜크를 채취할 수 있게 됩니다.

이때 재미있는 것은 껍질이 벗겨진 나무는 그것을 재생하기 위해 더 많 은 이산화탄소를 흡입하고 산소를 내뿜는 광합성 작용을 한다는 사실입니 다. 그렇기 때문에 콜크 1kg을 벗겨내면 카본 네거티브(Carbon Negative), 즉 이산화탄소 감소가 마이너스 73kg에 해당된다는 조사보고서가 있습니다. 코즈볼은 탄소를 배출한 만큼 탄소를 줄이는 전략을 사용하는 탄소중립(Carbon Neutral) 철학을 뛰어넘어 탄소를 배출하지 않고도 탄소를 더 줄이는 적극적인 카본 네거티브 운동을 벌이는 것입니다. 결론적으로 콜크를 많이 쓰면 쓸수록 세상의 공기를 더 맑게 만드는 환경운동이 되는 것입니다. 코즈볼은 지구처럼 둥근 지구 사랑입니다.

위 사례에서 코즈볼의 정신을 확실하게 볼 수 있습니다. 목표에 집중하고 목표가 달성될 때까지 철두철미하게 최선을 다한다는 것입니다. 웬만하면 이 정도면 괜찮지 않을까 할 정도로 넘어갈 수 있는 부분조차도 세밀하게 관찰하여 최고의 바른 길을 반드시 찾아냅니다. 스티브 잡스가 첫 아이폰 발표장에서 아이폰을 '궁극의 휴대폰'이라고 표현했듯이, 코즈볼은 '궁극의 화장품'을 지향하고 있다고 볼 수도 있습니다.

德巖 이광현 화백

월출산 6형제봉

잘난 것 없지만 스스로 완벽한 작은 하나하나가
어깨를 부비며 서로 깃대어 서니,
힘없는 개인들이 각자 주인으로 만나 신뢰를 만드는
블록체인을 닮았다.

부동산/재테크/창업

장인석 지음 | 17,500원
348쪽 | 152×224mm

롱텀 부동산 투자
58가지

이 책은 현재의 내 자금 규모로, 어떤 위치의 부동산을 언제 살 것인가에 대한 탁월한 분석을 펼쳐 보여 준다. 월세탈출, 전세탈출, 무주택자탈출을 꿈꾸는, 건물주가 되고 싶고, 꼬박꼬박 월세 받으며 여유로운 노후를 보내고 싶은 사람들을 위한 확실한 부동산 투자 지침서가 되기에 충분하다. 이 책은 실질금리 마이너스 시대를 사는 부동산 실수요자, 투자자 모두에게 현실적인 투자 원칙을 수립할 수 있도록 해줄 뿐 아니라 실제 구매와 투자에 있어서도 참고할 정보가 많다.

나창근 지음 | 15,000원
302쪽 | 152×224mm

나의 꿈,
꼬마빌딩 건물주 되기

'조물주 위에 건물주'라는 유행어가 있듯이 건물주는 누구나 한 번은 품어보는 달콤한 꿈이다. 자금이 없으면 건물주는 영원한 꿈일까? 저자는 현재와 미래의 부동산 흐름을 읽을 줄 아는 안목과 자기 자금력에 맞춘한 전략, 꼬마빌딩을 관리할 줄 아는 노하우만 있으면 부족한 자금을 충분히 상쇄할 수 있다고 주장한다. 또한 액수별 투자전략과 빌딩 관리 노하우 그리고 건물주가 알아야 할 부동산지식을 알기 쉽게 설명한다.

박갑현 지음 | 14,500원
264쪽 | 152×224mm

월급쟁이들은 경매가 답이다
1,000만 원으로 시작해서 연금처럼 월급받는 투자 노하우

경매에 처음 도전하는 직장인의 눈높이에서 부동산 경매의 모든 것을 알기 쉽게 풀어낸다. 일상생활에서 부동산에 대한 감각을 기를 수 있는 방법에서부터 경매용어와 절차를 이해하기 쉽게 설명하며 각 과정에서 꼭 알아야 할 중요사항들을 살펴본다. 경매 종목 또한 주택, 업무용 부동산, 상가로 분류하여 각 종목별 장단점, '주택임대차보호법' 등 경매와 관련되어 파악하고 있어야 할 사항들도 꼼꼼하게 짚어준다.

초저금리 시대에도 꼬박꼬박 월세 나오는
수익형 부동산

현재 (주)기림이엔씨 부설 리치부동산연구소 대표이사로 재직하고 있으며 [부동산TV], [MBN], [한국경제TV], [KBS] 등 방송에서 알기 쉬운 눈높이 설명으로 호평을 받은 저자는 부동산 트렌드의 변화와 흐름을 짚어주며 수익형 부동산의 종류별 특성과 투자노하우를 소개한다. 여유자금이 부족한 투자자도 전략적으로 투자할 수 있는 혜안을 얻을 수 있을 것이다.

나창근 지음 | 17,000원
332쪽 | 152×224mm

주식/금융투자

북오션의 주식/금융 투자부문의 도서에서 독자들은 주식투자 입문부터 실전 전문투자, 암호화폐 등 최신의 투자흐름까지 폭넓게 선택할 수 있습니다.

주식투자
기본도 모르고 할 뻔했다

코로나 19로 경기가 위축되는데도 불구하고 저금리 기조가 계속되자 시중에 풀린 돈이 주식시장으로 몰리고 있다. 때 아닌 활황을 맞은 주식시장에 너나없이 뛰어들고 있는데, 과연 이들은 기본은 알고 있는 것일까? '삼프로TV', '쏠쏠TV'의 박병창 트레이더는 '기본 원칙' 없이 시작하는 주식 투자는 결국 손실로 이어짐을 잘 알고 있기에 이 책을 써야만 했다.

박병창 지음 | 19,000원
360쪽 | 172×235mm

하루 만에 수익 내는
데이트레이딩 3대 타법

주식 투자를 한다고 하면 다들 장기 투자나 가치 투자를 말하지만, 장기 투자와 다르게 단기 투자, 그중 데이트레이딩은 개인도 충분히 가능하다. 물론 쉽지는 않다. 꾸준한 노력과 연습이 있어야 한다. 하지만 가능하다는 것이 중요하고, 매일 수익을 낼 수 있다는 것이 중요하다. 그 방법을 이 책이 알려준다.

유지윤 지음 | 25,000원
312쪽 | 172×235mm

최기운 지음 | 18,000원
424쪽 | 172×245mm

10만원으로 시작하는 주식투자

4차산업혁명 시대를 선도하는 기업의 주식은 어떤 것들이 있을까? 이제 이 책을 통해 초보투자자들은 기본적이고 다양한 기술적 분석을 익히고 그것을 바탕으로 향후 성장 유망한 기업에 투자할 수 있는 밝은 눈을 가진 성공한 가치투자자가 될 수 있다. 조금 더 지름길로 가고 싶다면 저자가 친절하게 가이드 해준 몇몇 기업을 눈여겨보아도 좋다.

박병창 지음 | 18,000원
288쪽 | 172×235mm

현명한 당신의 주식투자 교과서

경력 23년차 트레이더이자 한때 스패큐라는 아이디로 주식투자 교육 전문가로 불리기도 한 저자는 "기본만으로 성공할 수 없지만, 기본 없이는 절대 성공할 수 없다"고 하며, 우리가 모르는 '기본'을 설명한다. 아마도 이 책을 보고 나면 '내가 이것도 몰랐다니' 하는 감탄사가 입에서 나올지도 모른다. 저자가 말해주는 세 가지 기본만 알면 어떤 상황에서도 주식투자를 할 수 있다.

최기운 지음 | 18,000원
300쪽 | 172×235mm

동학 개미 주식 열공

〈순매매 교차 투자법〉은 단순하다. 주가에 가장 큰 영향을 미치는 사람의 심리가 차트에 드러난 것을 보고 매매하기 때문이다. 머뭇거리는 개인 투자자와 냉철한 외국인 투자자의 순매매 동향이 교차하는 곳을 매매 시점으로 보고 판단하면 매우 높은 확률로 이익을 실현할 수 있다.

곽호열 지음 | 19,000원
244쪽 | 188×254mm

초보자를 실전 고수로 만드는 주가차트 완전정복

이 책은 주식 전문 블로그 〈달공이의 주식투자 노하우〉의 운영자 곽호열이 예리한 분석력과 세심한 코치로 입문하는 사람은 물론 중급자들이 놓치기 쉬운 기술적 분석을 다양하게 선보인다. 상승이 예상되는 관심 종목 분석과 차트를 통한 매수·매도 타이밍 포착, 수익과 손실에 따른 리스크 관리 및 대응방법 등 주식시장에서 이기는 노하우와 차트기술에 대해 안내한다.

유지윤 지음 | 18,000원
264쪽 | 172×235mm

누구나 주식투자로
3개월에 1000만원 벌 수 있다

주식시장에서 은근슬쩍 돈을 버는 사람들이 있다. '3개월에 1000만 원' 정도를 목표로 정하고, 자신만의 투자법을 착실히 지키는 사람들이다. 3개월에 1000만 원이면 웬만한 사람들 월급이다. 대박을 노리지 않고, 딱 3개월에 1000만 원만 목표로 삼고, 그것에 맞는 투자 원칙만 지키면 가능하다. 이렇게 1000만 원을 벌고 나서 다음 단계로 점프해도 늦지 않다.

근투생 김민후(김달호) 지음
16,000원 | 224쪽
172×235mm

삼성전자 주식을 알면
주식 투자의 길이 보인다

인기 유튜브 '근투생'의 주린이를 위한 투자 노하우. 국내 최초로 삼성전자 주식을 입체분석한 책이다. 삼성전자 주식은 이른바 '국민주식'이 되었다. 매년 꾸준히 놀라운 이익을 내고 있으며, 변화가 적고 꾸준히 상승할 것이라는 예상이 있기에, 이 책에서는 삼성전자 주식을 모델로 초보 투자자가 알아야 할 거의 모든 것을 설명한다.

금융의정석 지음 | 16,000원
232쪽 | 152×224mm

슬기로운 금융생활

직장인이 부자가 될 방법은 월급을 가지고 효율적으로 소비하고, 알뜰히 저축해서, 가성비 높은 투자를 하는 것뿐이다. 그 기반이 되는 것이 금융 지식이다. 금융 지식을 전달함으로써 개설 8개월 만에 10만 구독자를 달성하고 지금도 아낌없이 자신의 노하우를 나누어주고 있는 크리에이터 '금융의정석'이 영상으로는 자세히 전달할 수 없었던 이야기들을 이 책에 담았다.

최기운 지음 | 18,000원
252쪽 | 170×224mm

주식 투자의 정석

은행 예금으로 노후를 대비할 수 없는 저금리 시대에서는 단순한 급여 저축만으로는 미래를 설계할 수 없다. 이런 이유로 많은 개인투자자가 재테크를 위해 투자를 시작한다. 이 책은 새로운 개인투자자로 거듭나기 위한 구체적인 방법과 노하우를 제시한다. 과거 증시에서 개인투자자가 왜 투자에 성공할 수 없었는지 원인을 분석해 투자에 실패하는 가능성을 줄이고자 했다.